HEYNE <

Aljoscha Long
Ronald Schweppe

DER PANDA UND DER SCHATZ DER ACHTSAMKEIT

Wie du die Schönheit in den kleinen Dingen erkennst und wahre Zufriedenheit findest

WILHELM HEYNE VERLAG
MÜNCHEN

Die in diesem Buch vorgestellten Informationen und Empfehlungen sind nach bestem Wissen und Gewissen geprüft. Dennoch übernehmen der Autor und der Verlag keinerlei Haftung für Schäden irgendwelcher Art, die sich direkt oder indirekt aus dem Gebrauch der hier beschriebenen Anwendungen ergeben. Bitte nehmen Sie im Zweifelsfall bzw. bei ernsthaften Beschwerden immer professionelle Diagnose und Therapie durch ärztliche oder naturheilkundliche Hilfe in Anspruch.

MIX
Papier | Fördert gute Waldnutzung
FSC® C014496

Penguin Random House Verlagsgruppe FSC® N001967

5. Auflage
Originalausgabe 06/2024

in der Penguin Random House Verlagsgruppe GmbH,
Neumarkter Straße 28, 81673 München
produktsicherheit@penguinrandomhouse.de
(Vorstehende Angaben sind zugleich Pflichtinformationen nach GPSR)

 Printed in Germany.
Redaktion: Diane Zilliges
Umschlaggestaltung: Guter Punkt, München
Umschlagmotiv: ©Nadja Tilke / Guter Punkt, München
Satz: Guter Punkt, München
Druck und Bindung: GGP Media GmbH, Pößneck
ISBN 978-3-453-70482-4

www.heyne.de

»Wenn du fragst, wie es den Alten Weisen gelang,
friedvoll in sich zu ruhen:
Ihr Wille war Nicht-Wollen,
ihr Handeln war Nicht-Handeln,
ihre Sorge war, sich nicht zu sorgen.
Klar wie ungetrübtes Wasser ihr Geist,
still wie ein abgelegenes Tal,
heiter wie der wolkenlose Himmel.
So gab es nichts, was ihren Frieden hätte stören können.«
(Lao Lao)

Inhalt

Die Reise zum Erwachen: Der nächste Schritt

Im abgelegenen Bambushain im friedlichen Tal des großen Mangobaumes, tief in den Bergen, nahe des Flusses, der schattenreiche Schluchten in die Felsen schnitt, lebte Bao, der Panda, inmitten seiner weit verzweigten Familie. Wanderer, die ihren Weg in dieses Tal fanden, glaubten oft, das Paradies gefunden zu haben. Und auch für Bao war das Tal genau das: sein Paradies.

Bao saß am Ufer des mächtigen Flusses und lauschte dem Raunen des Wassers. Er lehnte an einer stattlichen Weide, deren Äste sich sanft im rhythmischen Tanz des Flusses wiegten. In vollkommener Ruhe saß er lächelnd da, seine Seele erfüllt von einem Frieden, der so tief war wie der Fluss selbst.

Das war nicht immer so gewesen. Bao schmunzelte, als er sich an seine Jugend erinnerte und an seine lange, abenteuerliche Reise, die ihn zu dem gemacht hatte, der er jetzt war. Als junger Panda war er sowohl ungestüm und aufbrausend als auch ängstlich gewesen. Ja, hinter seinem Rücken hatte man ihn sogar »Bao Bibberbrüll« genannt. Die anderen Pandas des Dorfes hatten sich über seine Ängstlichkeit lustig gemacht und sich über seine Wutanfälle geärgert. Doch dann war der Tag des Sturmes und der gewaltigen Flut gekommen, der Tag, der Baos Leben für immer verändern sollte.

Weit vom vertrauten Bambushain war er fortgeschwemmt worden, hatte sich allein und verloren in einer fremden Wildnis wiedergefunden. Wie üblich war er zunächst wütend geworden. Dann hatte sich seine Wut in Angst, die Angst wieder in Wut und schließlich in pure Verzweiflung verwandelt.

Bis zur Erschöpfung hatte er geweint und getobt, als er schließlich einschlief. Im Traum war ihm sein Großvater Lao Lao erschienen, der weiseste und von allen geliebte alte Pan-

da – und zudem der einzige im ganzen Panda-Dorf, der Bao wirklich schätzte. Großvater hatte ihm die Aufgabe erteilt, nach dem Geheimnis der Gelassenheit zu suchen.

Aber wie sollte ausgerechnet er, der sich sein Leben lang über alles und jeden aufgeregt hatte, zu Gelassenheit finden? Bao war schon wieder am Verzweifeln gewesen, dass Großvater ihm darüber nichts verraten hatte. Was sollte er denn nur tun? Mit diesem Rätsel machte sich Bao damals auf den Weg.

Schon ganz am Anfang seiner Reise begann er, seine Erkenntnisse auf Bambusblätter zu schreiben, und er nannte diese Sammlung liebevoll seine »Bambusblattbibliothek«. Der erste Satz, den er niedergeschrieben hatte, klang wie ein Echo in seinem Herzen. Wie gut konnte er sich noch immer an diesen Satz erinnern:

»Wie weit dein Ziel auch ist, du musst den ersten Schritt tun.«

Den ersten Schritt hatte er getan. Dann den zweiten und dritten. Er war vielen weisen Meisterinnen und Meistern begegnet, und sie alle hatten ihn dem Geheimnis der Gelassenheit ein wenig näher gebracht.

Von Yuke, dem Otter, hatte er gelernt, wie wichtig das Vertrauen in das Leben ist und dass man ohnehin niemals alles kontrollieren kann. Selbst von Naka-Naka, dem Krokodil, hatte er gelernt. Naka-Naka hatte ihm die Bedeutung von Ruhe und Geduld gezeigt. Und auch mit Yun, der Wolke, hatte er gesprochen. Yun war eine seiner weisesten Lehrerinnen gewesen und hatte ihm die Erkenntnis geschenkt, dass nur ein klarer Geist zu wahrer Gelassenheit führt. Die vielleicht eindrucksvollste Begegnung aber war die mit dem gewaltigen Berg Shan gewesen. Seine Stimme war nur ein Flüstern im Wind, doch Bao hatte den Berg verstanden und das Geheimnis der Sammlung aller Kräfte in der Meditation gelernt. Gegen Ende seiner Reise hatte er auch mit dem großen Fluss gesprochen, der ihm geholfen hatte, zu seiner Quelle zurückzukehren, und ihm geraten hatte, seine innere Quelle aufzusuchen und zu seiner Familie zurückzukehren. Und schließlich war er Kurma begegnet, der berühmten weisen Schildkröte. Nach all den Lektionen, die Bao gelernt hatte, hatte sie ihn doch noch verblüfft, als sie ihm lächelnd erklärt hatte, dass es im Grunde gar kein Geheimnis der Gelassenheit gäbe. Und noch etwas hatte sie gesagt, und das hatte sich ihm besonders eingeprägt:

»Das Geheimnis der Gelassenheit liegt in diesem Augenblick.«

So also hatte Bao, der einst ungestüme und ängstliche Panda, das Geheimnis der Gelassenheit in sich entdeckt – war zu einem Spiegelbild der friedvollen Landschaft geworden, die sein Zuhause war. Auf seiner Reise hatte er gelernt, dass wahre Gelassenheit nicht darin liegt, das Leben zu kontrollieren oder immer weiter nach Antworten zu suchen, sondern darin, den gegenwärtigen Augenblick bedingungslos anzunehmen und sich selbst und anderen Liebe zu schenken.

Bao seufzte tief auf. Ach ja, diese Reise war wunderbar gewesen. Wie sehr sie ihn doch verändert hatte! Die, die früher über ihn gelacht hatten, bewunderten ihn nun und suchten häufig seinen Rat.

Bao lächelte still in sich hinein. Wieder kam ihm der erste Satz, den er in seine Bambusblattbibliothek geschrieben hatte, in den Sinn: »Wie weit dein Ziel auch ist, du musst den ersten Schritt tun.« Warum nur machte ihn dieser Satz, so ermunternd er doch an sich war, ein wenig wehmütig? Er atmete tief durch, entspannte sich vollkommen, wie er es gelernt hatte, und sammelte seinen Geist. Und ja, da war etwas, das sich im innersten Heiligtum seiner Seele rührte und ihm sagte, dass es trotz aller Fortschritte, die er gemacht hatte, noch etwas Wichtiges gab, das in seinem Leben fehlte. Bao versenkte sich und versuchte herauszufinden, was es wohl sein mochte, was ihm noch fehlen könnte, um vollkommenen inneren Frieden und Erfüllung zu erlangen. Gab es noch etwas zu entdecken? Und was könnte das sein?

Der Großvater und die Schildkröte

Bao war und blieb gelassen. Und doch ließ ihn die Frage nicht los, wohin sein Weg jetzt führen sollte. Hatte er denn nicht schon alles erreicht? Das Geheimnis der Gelassenheit hatte er doch gefunden und verwirklicht. Was also wollte er mehr? Längst war er nicht mehr der ängstliche, wütende Pandajunge, sondern von allen geachtet und beliebt. Auch mit sich selbst war er im Einklang, und im Grunde war er zufrieden und es fehlte ihm an nichts – oder doch?

Er stutzte, als er sich bei seinem eigenen Gedanken ertappte: »... im Grunde ...« Ja – das war der Punkt! »Im Grunde, aber...« Bao verstand, dass er noch tiefer in sich gehen musste. Dass der Weg, der zu dauerhaftem Glück und in die große Freiheit führte, noch lange nicht zu Ende war.

So saß er wieder an seiner Lieblingsstelle, unter der alten Weide, am großen Fluss. Und es dauerte nicht lange, da war er eingeschlafen. Der mächtige Fluss murmelte sein Schlaflied.

Als Bao seine Augen wieder öffnete, stand sein Großvater, der alte, weise Lao-Lao an seiner Seite. Mit seinen großen freundlichen Augen sah er seinen Enkel an, als ob er ihm direkt ins Herz blickte. Bao sprang auf und schlang die Arme um seinen geliebten Großvater.

»Mein lieber Bao«, sprach der Alte, und seine Stimme schien aus weiter Ferne zu kommen. »Mein lieber Bao, du

hast das Geheimnis der Gelassenheit gefunden. Doch nun musst du noch einen Schritt weitergehen.«

Bao nickte. »Ja, Großvater, das spüre ich. Aber ich komme einfach nicht darauf, was für ein Schritt das sein könnte. Kannst du es mir nicht sagen?«

Lao-Lao lächelte. »Komm, Bao, lass uns einen kleinen Spaziergang machen.«

Gemeinsam schlenderten sie am Fluss entlang, durchstreiften den Mangohain, erklommen den Berg, an den sich der Bambushain schmiegte. Sie verweilten kurz am Ufer des kleinen Sees, überquerten die Brücke am Wildbach und wagten sich sogar kurz in den Dschungel. Unvermittelt waren sie wieder an der alten Weide am großen Fluss.

Bao wunderte sich ein wenig darüber. Da fragte ihn sein Großvater: »Nun, Bao, was ist dir bei unserem Spaziergang aufgefallen?«

Bao lachte. »Nur, dass er zu schnell vorbei war!«

»Hast du gesehen, wie das Wasser im Kreis tanzt, wenn es auf den Stein im großen Fluss trifft?«, fragte Großvater.

»Welcher Stein?«, gab Bao zurück.

»Nur ein paar Meter von hier. Sitzt du nicht oft unter dieser alten Weide?« Großvater deutete auf den Fluss und tatsächlich war dort, knapp unter der Wasseroberfläche, ein auffälliger Stein, der das Wasser zum Wirbeln brachte. Bao staunte. Dass er das noch nie bemerkt hatte …

Großvater fuhr fort. »Hast du gesehen, dass der alte Mangobaum in der Mitte des Haines welke Blätter trägt. Er scheint zu leiden.«

Auch das war Bao entgangen.

»Und die Eidechsenfamilie, die uns auf unserem Weg auf den Berg beobachtet hat? Hast du die bemerkt? Oder den

goldenen Karpfen, der sich im Schilf des kleinen Sees versteckt hielt? Hast du gesehen, dass die Bohlen der kleinen Brücke bereits sehr morsch sind und wohl bald brechen könnten? Die beiden Libellen, die kurz um uns gekreist sind? Hast du im Dschungel die Spuren des Tigers und der Schlange gesehen?«

Bao schüttelte immer wieder den Kopf. All das war ihm völlig entgangen! Er schämte sich ein bisschen.

»Nun, Bao, was könnte es sein, das dir fehlt?«

»Ich muss aufmerksamer sein?«

Lao-Lao nickte. »Auch das. Ja – das ist schon sehr gut. Aber was fehlt dir wirklich?«

Bao überlegte. »Vielleicht brauche ich eine neue Aufgabe.«

Das Lächeln des Großvaters war warm und liebevoll. »Ja, Bao. Ich glaube, es ist an der Zeit, eine neue Reise anzutreten, denn wer stillsteht, kann nicht mehr wachsen.«

Bao sah seinem Großvater tief in die Augen. »Ein neues Abenteuer? Welches Geheimnis werde ich diesmal ergründen?«

»Mein lieber Bao«, sprach Lao-Lao. »Suche den Schatz der Achtsamkeit!«

Wieder bemerkte Bao, dass Großvaters Stimme wie aus weiter Ferne zu kommen schien und widerhallte, wie das Echo in einer Schlucht. Und dann fiel Bao etwas ein, das ihm einen eiskalten Schauer über den Rücken jagte. Wie konnte das sein? Und warum fiel es ihm erst jetzt auf? Er sah seinen Großvater verwirrt an und sagte leise: »Großvater? Mein geliebter Großvater … hast du nicht vor zwei Sommern schon diese Welt verlassen?«

Lao-Lao lachte, und die ganze Erde schien mit ihm zu lachen und zu beben, der Fluss sprudelte und die alte Weide schwang ihre langen Äste durch die Luft. Selbst die Sonne schien zu lachen. Langsam wurde es Bao unheimlich. Und als das Lachen seinen Höhepunkt erreicht hatte, schlug Bao die Augen auf und fand sich unter der Weide wieder, die still ihre Zweige ins Wasser des mächtigen Flusses tauchte.

Was für ein Traum! Bao lächelte über sich selbst. Wie schön war es gewesen, Großvater wenigstens im Traum zu begegnen! Ja, wenn Lao-Lao noch lebte, hätte er ihn aufsuchen und um Rat fragen können.

Wobei … Bao runzelte die Stirn. Auch wenn ihm Großvater nur im Traum begegnet war, so hatte er ihm doch einen Rat gegeben. Ja, mehr als das: eine neue Aufgabe, ein neues Ziel, eine neue Reise!

»Suche den Schatz der Achtsamkeit!«, hatte Großvater gesagt.

Bao erinnerte sich an seine erste Reise. Auch damals hatte ihm Lao-Lao im Traum den Weg gewiesen. Und auch jetzt war der großväterliche Rat wieder genau das Richtige, das spürte Bao im Herzen. Hatte er nicht sogar selbst einmal etwas über Achtsamkeit in seine Bambusblattbibliothek geschrieben? Er musste unbedingt mal nachsehen. Rasch lief Bao zurück ins Dorf und holte seine wertvollen, sorgfältig zusammengebundenen Bambusblätter hervor. Er blätterte ein Weilchen, bis er den Eintrag schließlich gefunden hatte:

»Konzentration erzeugt Achtsamkeit und innere Ruhe, und sie führt zu Zufriedenheit und Gelassenheit.«

Ein Hauch von Enttäuschung legte sich auf Baos Gemüt. Ja, gut, aber was war Achtsamkeit denn überhaupt? Das war ihm eigentlich nicht so ganz klar. Doch dann erhellte ein Lächeln sein Gesicht. Natürlich! Darum ging es ja gerade! Wenn er schon alles über Achtsamkeit wüsste, hätte ihn Großvater nicht auf die neue Reise geschickt. Ja, er würde den Schatz der Achtsamkeit suchen!

Doch zuvor würde er Kurma, die weise Schildkröte, besuchen. Bao war fest davon überzeugt, dass sie noch einen wertvollen Ratschlag für ihn hätte. Hatte sie nicht auch bisweilen von Achtsamkeit gesprochen? Hoffentlich war sie noch nicht weitergereist!

Bao erkundigte sich im Dorf, ob jemand die alte Schildkröte gesehen hatte. Doch alle schüttelten nur den Kopf. Bis ein kleiner Pandajunge rief: »Ich komme gerade von der kleinen Bucht am Fluss. Da hab ich Kurma in der Sonne liegen sehen!«

Bao bedankte sich und lief los. Atemlos kam er in der Bucht an, aber von Kurma keine Spur. Bao setzte sich ans Ufer und ließ seinen Blick über das Wasser gleiten – doch vergebens. Als er spürte, dass er traurig wurde, schloss er die Augen, ließ seine Erwartung los und übte das innere Lächeln. Während er so dasaß, erklang plötzlich eine vertraute Stimme. »Gut machst du das, kleiner Panda.«

»Kurma«, rief Bao aufgeregt. »Was für ein Glück! Nach dir habe ich gesucht. Ich brauche dringend deinen Rat!« Und so begann er, Kurma von seinem Traum, seinem Großvater

und seinem Plan, eine neue Reise anzutreten, zu erzählen. »... und darum werde ich mich nun auf die Suche nach dem Schatz der Achtsamkeit machen. Das Dumme ist nur, dass ich gar nicht so genau weiß, was Achtsamkeit überhaupt ist.« Bao ließ den Kopf sinken. »Und darum wollte ich dich fragen ...«

Kurma lächelte ihr geheimnisvolles Schildkrötenlächeln. »Mein Lieber«, sagte sie, »könnte ich es dir einfach sagen, so würde ich dich deines Abenteuers berauben und du würdest den Schatz der Achtsamkeit nie entdecken. Auch kannst du Achtsamkeit nicht mit dem Kopf verstehen – du musst sie in deinem Herzen leben.«

Die Enttäuschung stand Bao ins Gesicht geschrieben. Kurma lachte. »Kleiner Panda«, sagte sie, »Achtsamkeit finden wir im Hier und Jetzt, doch um dort hinzugelangen, müssen wir manchmal eine sehr weite Reise machen.«

Bao sah Kurma mit großen Augen fragend an. Aber Kurma sagte nur noch: »Mein Lieber, wir werden uns sicherlich wiedersehen!« Dann glitt sie ins Wasser, tauchte unter und war verschwunden.

Verblüfft blickte Bao auf das ruhig dahinfließende Wasser, das Kurma verschlungen zu haben schien. Er war allein, und er hatte keine klare Antwort bekommen, wie er es sich erhofft hatte – doch das Gefühl der vagen Ungewissheit, das ihn geplagt hatte, wich der Erkenntnis, dass seine neue Reise nun bevorstand und ihn ein weiteres Abenteuer erwartete. Mit neuem Mut und dem festen Entschluss, den Schatz der Achtsamkeit zu finden, stand er auf und blickte hinauf in den Himmel, wo bereits die ersten Sterne des Abends erstrahlten.

Ein neues Ziel

Auf seiner ersten Reise hat Bao, der kleine Pandabär, das Geheimnis der Gelassenheit entdeckt. Gelassen zu sein und in sich zu ruhen, ist eine wunderbare Sache, und er hätte damit ja eigentlich zufrieden sein können. Dann wäre die Geschichte zu Ende gewesen – wir könnten uns zurücklehnen und müssten jetzt keinen zweiten »Reisebericht« schreiben. Doch wie du siehst ...

Ein Ziel zu erreichen, ist toll und es ist nur zu verständlich und auch sinnvoll, sich eine Weile am Zielpunkt auszuruhen. Sicher hast auch du auf deinem spirituellen Weg schon viele kleine und wohl auch manch große Ziele erreicht. Vielleicht bist du ebenso wie Bao im Laufe der Zeit gelassener, ruhiger und ausgeglichener geworden. Oder du hast positive Kräfte wie Selbstvertrauen, Mut, Freude, Geduld oder Leichtigkeit entwickelt – zumindest ansatzweise. Und doch ist deine Reise damit noch lange nicht zu Ende. Bao spürt, dass ihm etwas fehlt. Und genau dieses Gefühl, dieser Gedanke, dass es da noch etwas gibt, dass wir erreichen wollen, hält uns in Bewegung und macht uns lebendig.

Unser Lebensweg gleicht einer langen Reise. Einer Reise, die uns mehr und mehr zu uns selbst – zu unserer inneren Quelle – führt. Die Ziele, die wir auf dieser Reise erreichen, können nur Zwischenstationen sein. Jedes Ziel, das uns wirklich weiterbringt, sollte eine Einladung sein, den nächsten Schritt zu gehen – weiterzugehen, statt stehen zu bleiben. Auch wenn wir schon erste Gipfel erklommen haben mögen, so erstrecken sich vor uns doch noch majestätische Berge und unerforschte Täler.

Das Wunder der Achtsamkeit

»Mein lieber Bao, suche den Schatz der Achtsamkeit« – das rät Großvater Lao-Lao seinem Enkel. Und das sicher nicht nur deshalb, weil Bao auf ihrem gemeinsamen Spaziergang so unachtsam war, dass er weder den Wasserwirbel im großen Fluss noch die Eidechsenfamilie, die wunderschönen Libellen oder die Spuren des Tigers im Dschungel gesehen hat. Wer unachtsam ist, dem entgeht vieles. Zum Beispiel die Schönheit der Natur, der Anblick eines Sonnenuntergangs, die eigenen Gefühle oder die der Mitmenschen und die vielen kleinen Möglichkeiten, mitten im Alltag dankbar zu sein und Freude zu erleben, um nur mal ein paar Dinge zu nennen. Doch es geht um mehr.

Achtsamkeit ist grundlegend für die Entwicklung vieler anderer positiver Qualitäten wie Freude, Vertrauen oder Mitgefühl. Achtsamkeit ist das Licht, das die Dunkelheit der Unwissenheit durchdringt und uns mit der Fülle des gegenwärtigen Moments verbindet – der Königsweg zum Glück.

In vielen spirituellen Traditionen spielt Achtsamkeit eine zentrale Rolle – insbesondere im Buddhismus. Die Gelassenheit, die innere Ruhe, die Bao während seiner ersten Reise kultiviert hat, wird im Buddhismus als notwendiger erster Schritt in die Freiheit angesehen. Der zweite Schritt aber, der unmittelbar darauf folgt, ist Achtsamkeit.

Wahrscheinlich kennst du die bekannte Metapher, die bezeichnenderweise aus dem Zen-Buddhismus kommt: Erst wenn die Wellen zur Ruhe gekommen sind und der

See spiegelglatt geworden ist (Gelassenheit), ist es möglich, in die Tiefe zu sehen, Klarheit zu gewinnen und tiefes Verständnis für sich selbst und die universellen Gesetze des Lebens zu erlangen (Achtsamkeit).

Doch was hat es nun mit der Achtsamkeit genau auf sich? Bestimmt ist dir das Wort ja längst ein Begriff. Gut möglich, dass du auch schon Erfahrungen mit der Praxis der Achtsamkeit gesammelt hast. Da das Wort »Achtsamkeit« jedoch immer noch beliebig und recht unklar verwendet wird, wollen wir dir kurz die wichtigsten Prinzipien nennen:

Einfach ausgedrückt ist Achtsamkeit die Fähigkeit, zu spüren, dass du atmest und einen Körper hast – dir klar bewusst zu sein, dass du sehen, hören, schmecken und fühlen kannst.

Achtsamkeit ist eine bestimmte Form der Aufmerksamkeit, die

- absichtsvoll ist,
- sich auf den gegenwärtigen Moment und nicht auf die Vergangenheit oder Zukunft bezieht,
- nicht wertend oder urteilend ist.

ABSICHTSVOLL heißt, dass Achtsamkeit nicht zufällig oder automatisch geschieht – wir müssen uns bewusst dafür entscheiden, unsere Aufmerksamkeit auf unsere Erfahrungen im gegenwärtigen Moment zu richten. Sicher gibt es besondere, magische Momente im Leben, in denen wir plötzlich intensiv wahrnehmen, was in oder um uns geschieht – doch sollten wir unseren Bewusstseinszustand nicht dem Zufall überlassen. Wenn du achtsamer leben willst, dann entscheide dich aktiv dafür, im Hier und Jetzt präsent zu sein – vielleicht nicht immer, aber immer öfter.

HIER UND JETZT: Wir können nur im gegenwärtigen Moment achtsam sein. Wir lenken unsere Aufmerksamkeit also auf das, was jetzt gerade passiert, denn das, was war und was sein wird, spielt in der Achtsamkeitspraxis keine Rolle. Wir nehmen unsere Erfahrung im jeweiligen Augenblick unmittelbar wahr, ohne Ablenkungen wie Bedauern über die Vergangenheit oder Erwartungen an die Zukunft. Nur im Hier und Jetzt kannst du leben.

NICHT-WERTEN: Was auch immer wir an Gedanken, Emotionen oder körperlichen Empfindungen beobachten – es ist okay und darf da sein. Die Dinge nicht zu bewerten, heißt, dass wir Erfahrungen nicht in »gut« oder »schlecht« einteilen und sie frei von Vorurteilen betrachten. Nicht-Werten ist eine Form der Akzeptanz sich selbst und dem Leben gegenüber. Indem du aufhörst, die Dinge in Schubladen zu stecken, entwickelst du mehr Freiheit, mehr Gelassenheit und eine offenere Haltung gegenüber der Realität.

Achtsamkeit hat noch viele andere Aspekte. Zum Beispiel sind auch Geduld, Offenheit, Selbstmitgefühl oder Stille von Bedeutung, wenn es darum geht, mehr Achtsamkeit zu entwickeln. Doch letztlich sollte dir klar sein, dass Achtsamkeit keine theoretische Idee ist, die du mit dem Kopf begreifen kannst. Um den Schatz der Achtsamkeit zu finden, musst du dich auf die Reise machen. Und falls du nicht allein reisen willst, laden wir dich herzlich dazu ein, dich gemeinsam mit Baos auf den Weg zu machen …

Der Beginn der Reise

Bei seiner letzten Reise war es das Schicksal gewesen, das Baos Weg bestimmt hatte. Es hatte ihn aus allem, was ihm vertraut war, herausgerissen. Nun aber war er es selbst, der sich dem Vertrauten entreißen musste. Doch das war einfacher gedacht als getan! Seine Familie, seine Freunde, sein Heim sollte er verlassen? All die Annehmlichkeiten, die Bao im Bambushain im Tal des großen Mangobaumes genoss, sollte er gegen die Unsicherheit, die Einsamkeit und die Mühen einer Reise zu einem unbekannten Ziel eintauschen?

Hatte er sich das auch richtig überlegt? Bao schlenderte hinunter zu seiner Lieblingsstelle am Fluss und ließ sich unter der alten Weide nieder. Sein Blick ruhte auf dem Fluss. Das Wasser kam und ging, und doch war der Fluss stets da. Wie kam er jetzt auf diesen Gedanken? Bao war verwirrt. Er sehnte sich einerseits nach dem neuen Abenteuer, aber auf der anderen Seite wollte er sein Leben im Kreis der Familie und der Freunde genießen. Und warum war dieser Gedanke »Das Wasser kommt und geht, und doch ist stets der Fluss da« plötzlich in seinem Kopf aufgetaucht?

Sowohl Abenteuer als auch Freundschaft waren wertvoll. Bao stellte sich beide Möglichkeiten vor – die Gedanken an beide flossen vorbei, wie das Wasser im Fluss. »Wenn meine Gedanken und Gefühle das Wasser sind – wer ist dann der Fluss?«, dachte Bao. Und er gab sich gleich selbst die Antwort. »Ich bin der Fluss. Und meine Gedanken und Gefühle strömen vorbei. Sie festzuhalten, ist sinnlos.«

Ja, er würde all seine Vorstellungen und Zweifel loslassen und die neue Reise antreten. Bao seufzte erleichtert auf. Es war doch gar nicht so schwer, eine Entscheidung zu treffen!

Zwei Dinge aber musste er noch erledigen: Er musste sich von seinen Liebsten verabschieden. Und er musste unbedingt noch einmal seine Bambusblattbibliothek durchsehen. Sicher – er war gelassen und ruhig geworden. Er hatte sich verändert und, soweit er sehen konnte, nur zum Guten hin. Und doch hatte er längst nicht mehr alles im Kopf, was er auf seinem Weg zur Gelassenheit gelernt hatte.

Bao verließ seinen Lieblingsplatz und ging zurück ins Dorf. Er nahm die gebundenen Blätter zur Hand und begann zu lesen. Schon der erste Satz, an den er sich so gut erinnerte, gab ihm neue Kraft:

Wie weit dein Ziel auch ist, du musst den ersten Schritt tun.

Das war der erste Satz, den er damals geschrieben hatte, und er war heute so gültig wie damals. Bao las weiter. Ein paar Seiten später stand da:

Du brauchst keinen Plan.
Wenn du ein Herzensziel im Kopf hast, ist das wie ein Kompass, der dich in die richtige Richtung führt – auch wenn du auf unbekannten Wegen gehst.

Ja, auch das war gut. Sein Ziel war der Schatz der Achtsamkeit. Und wenn er auch keinen festen Plan hatte, so würde er sich einfach auf den unbekannten Weg machen und sein Ziel verfolgen.

Sei unbeschwert. Trage keine unnötigen Lasten mit dir herum, dann wird alles leichter.

Bao lächelte still. Wie hilfreich seine früheren Erkenntnisse doch waren, um ihm auch jetzt den richtigen Weg zu weisen. Genau! Unbeschwert würde er losziehen – und die unnötige Last seiner damaligen Wut und Angst hatte er schon lange abgeworfen. Bao las weiter und jeder Satz, den er damals aufgeschrieben hatte, sprach auch heute noch zu seinem Herzen. Was nun allerdings Achtsamkeit wirklich war und warum er sich auf die Suche machen sollte, das wusste er immer noch nicht so genau. Ein paar Sorgenfältchen erschienen auf seiner Stirn. Sollte er nicht erst einmal ein wenig darüber nachdenken? Doch gerade, als er begann, darüber nachzudenken, stieß er auf einen weiteren Satz, fast am Ende der Bambusblattbibliothek:

Alles ist ein Spiel. Denke nicht zu viel – spiele!

Bao lachte laut auf. Das war ja, als ob er damals an den zukünftigen Bao gedacht hatte, der sich auf eine neue Reise begeben wollte! Denn tatsächlich – das Denken brachte ihn keinen Schritt weiter. Seine neue Reise war nichts, was er denken musste, nichts, vor dem er sich fürchten musste, keine schwierige Aufgabe: Es war ein Spiel, es war eine Freude und eine Bereicherung!

Entschlossen sprang Bao auf und machte eine Runde durch das Dorf. Herzlich verabschiedete er sich von seiner Familie, seinen Freunden, von den Pandakindern und den Alten. Manche fragten ihn nach seinem Ziel, andere warnten ihn vor den Gefahren, denen er begegnen mochte, viele gaben ihm gute Ratschläge – aber letztlich wünschten ihm alle eine gute Reise und hofften darauf, dass ihr weiser Panda bald zu ihnen zurückkehren würde.

Und so machte sich Bao ein weiteres Mal auf den Weg.

Wenn er auch nicht wusste, wohin er ging – er befreite sich von allen Sorgen. Auf seiner ersten Reise war er voller Angst ins Unbekannte gestolpert. Doch diesmal marschierte er voller Zuversicht seinem neuen Abenteuer entgegen.

Das Flüstern des Windes

Bao stapfte frohen Mutes durch den dichten Bambuswald. Die Freude über sein neues Abenteuer ließ sein Herz höherschlagen. Tief sog er den Duft des Waldes ein. Dann erinnerte er sich wieder an seinen Traum. Großvater hatte ihm gezeigt, wie unaufmerksam er doch war. Zufriedenheit und Gelassenheit waren wertvoll. Wie wertvoll, das wusste Bao nur zu gut. Die Suche nach dem Geheimnis der Gelassenheit hatte sein Leben schließlich vollkommen verändert. Doch er erkannte auch, dass sein Weg hier noch nicht zu Ende war. Es war eben nicht genug, beherrscht zu sein und in sich zu ruhen. Wie viel er doch von der Schönheit und den Wundern der Welt verpasste! Der Traumspaziergang mit Lao-Lao hatte ihm das deutlich gezeigt. Bao blieb stehen. Was hatte er bisher nicht gesehen? Was war ihm alles entgangen?

Bao schaute sich um und während er seine Gedanken mehr und mehr zum Schweigen brachte, erwachten seine Sinne – wurden zu weit geöffneten Toren, die all die Farben der Welt mitten in sein Herz strömen ließen. Bao ließ sich auf dem Moos nieder und staunte.

Der vertraute Bambuswald war, wenn er nur genauer hinsah, ein magischer Ort, an dem die Zeit stillzustehen schien. Die Bambusstämme verwandelten sich von einfachen Pflanzen zu majestätischen grünen Säulen, die sich in den Himmel erhoben. Bao stand voller Ehrfurcht in einem natürlichen Tempel, der in den unterschiedlichsten Schattierungen von Jade, Olivgrün und Smaragd leuchtete. Die schlanken Stämme waren von einem seidigem Glanz bedeckt, der bei jedem Windhauch ein sanftes Flüstern erzeugte, als würden die Bambuspflanzen miteinander sprechen. Das dichte Blätterdach ließ genug Sonne durch, sodass das Licht wie durch ein Kaleidoskop gebrochen wurde und auf dem Waldboden tanzte. Bao hatte geglaubt, der Bambuswald sei eine Oase der Stille, doch nun vernahm er die vielen feinen Geräusche der Natur. Das leise Rascheln der Blätter über ihm, ein fernes Gezwitscher von Vögeln, das stetige Summen der Bienen, Libellen und Hummeln. Baos Geist weitete sich. War da nicht das Plätschern eines Bächleins oder einer Quelle im Wald? Bao spürte das sanfte Licht der Sonne, das durch die Blätter fiel. Tatsächlich – all das hatte er bisher übersehen! Der Panda staunte.

Und schon sah er wieder etwas Neues: einen bunten Fleck, der in der Luft schwebte – einen Schmetterling. Wie farbenfroh und schillernd, leuchtend und zart er auf dem Wind tanzte! Wie mühelos! Bao beobachtete fasziniert, wie der Schmetterling mit der Brise spielte und sich von ihr tragen ließ. Immer näher tanzte er um Bao herum, bis er schließlich direkt vor seiner Nase schwebte. Bao vernahm ein feines Stimmchen, das wie ein fernes Glöckchen klang: »Hallo, du Bärchen, ich beobachte dich schon eine ganze Weile und wundere mich sehr. Andere Pandabären, die hier durch den Wald ziehen, suchen nach Bambusblättern und Wurzeln, weil sie fressen wollen. Du hingegen sitzt schon lange reglos da und schaust dich nur um. Mir scheint, du bist auf der Suche …«

Bao war verblüfft. Er hatte gedacht, der Schmetterling wäre ganz in seinem Spiel mit dem Wind versunken und hät-

te ihn gar nicht bemerkt. Und dabei wusste dieser Schmetterling sogar von seiner Suche! Er räusperte sich. »Hm, hallo, bunter Schmetterling! Ich bin Bao. Und ja – du hast recht. Ich bin tatsächlich auf der Suche.«

Der Schmetterling machte einen kleinen Salto in der Luft. Er lachte und wieder klang es wie winzige Glöckchen, die der Wind schüttelte. »Ja, ich weiß. Kallamarandi heiße ich, die Schönheit liebe ich und den wunderbaren Wald.« Er flatterte einmal um Baos Kopf herum, sodass Bao beinahe schwindelig wurde, als er versuchte, ihm mit den Augen zu folgen. »Nach was suchst du denn nun, Bao-Bär?«

»Ich suche ...«, begann Bao.

»Halt«, lachte Kallamarandi. »Lass mich raten. Du sitzt hier schon eine ganze Weile und lauschst der Stimme des Waldes. Und du hast ein Staunen im Gesicht, so als ob du seine Stimme zum ersten Mal vernehmen würdest. Ich glaube ... – ja, ich glaube, du bist dabei, das Geheimnis der Achtsamkeit zu entdecken.«

Bao riss die Augen weit auf. »Das ist ja unglaublich!«, rief er. »Ja, du hast vollkommen recht: Ich suche nach dem Schatz der Achtsamkeit. Das hast du wirklich gut erkannt. Aber kannst du mir vielleicht auch sagen, wo ich ihn finde?«

Kallamarandi lachte wieder sein Glöckchenlachen und ließ sich auf Baos Nasenspitze nieder. »Ja, die Achtsamkeit ist wirklich ein wertvoller Schatz. Das ist eine gute Suche. Doch um diesen kostbaren Schatz zu finden, musst du auf die Reise ins Hier und Jetzt gehen.«

Bao kam aus dem Staunen nicht heraus. »Genau das hat mir auch Kurma gesagt!« Und dann erzählte Bao dem Schmetterling von seinem Traum, seiner Begegnung mit Kurma und dem Beginn seiner Reise.

»Kurma, die weise Schildkröte?«, rief Kallamarandi. »Oh – da hast du wirklich eine gute Lehrerin gehabt. Ich weiß nicht, ob ich dir mehr sagen kann als sie.«

»Ich glaube schon«, sagte Bao, legte den Kopf schief und schmunzelte. »Kurma hat mir nämlich nur gesagt, dass sie es mir nicht sagen kann. Ebenso wie du hat sie mir lediglich verraten, dass der Schatz der Achtsamkeit nur im Hier und Jetzt zu finden ist und dass ich eine weite Reise machen muss, um ihn zu finden – mehr leider nicht. Wo ich anfangen soll, weiß ich nicht. Aber ich habe so das Gefühl, dass du mir vielleicht mehr dazu sagen kannst …«

Kallamarandi erhob sich von Baos Nase und flatterte wieder um seinen Kopf herum. »Ach, Bärchen, merkst du denn nicht, dass du bereits beginnst, dem Schatz näher zu kommen?«

Bao überlegte. Ja, vielleicht hatte der Schmetterling recht. Während er dem zarten, geheimnisvollen Lied des Bambuswaldes gelauscht hatte, hatte er schon eine neue Erfahrung gemacht. Er konnte sie jedoch nicht in Worte fassen. So sah er Kallamarandi nur fragend an.

»Werde wieder zum Bärenkind«, lachte der Schmetterling. »Sieh alles so neugierig und offen an, als ob du es zum ersten Mal sehen würdest. Lausche jedem Klang, als hörtest du ihn das erste Mal. Stell dir vor, dass du nichts weißt – dass du bisher blind und taub gewesen bist. Und nun siehst und hörst und riechst und fühlst du all diese wundervollen Dinge zum allerersten Mal.«

Bao nickte. »Ich werde es versuchen.«

»Hör auf den Wind«, flüsterte Kallamarandi. »Er erzählt Geschichten, die nur diejenigen hören können, die bereit sind, zuzuhören.« Bao schloss die Augen und lauschte. Zum

ersten Mal hörte er wirklich zu, und es öffnete sich ihm eine neue Welt. Er wusste nicht mehr, dass der Bambus Bambus war. Das Summen und Rauschen, das er hörte, war in seiner Vielfalt wunderbare Harmonie und der Duft des Waldes war eine bunte, eigene Welt, in der Bao schwebte. Für einen kurzen Moment verweilte er in diesem Zustand. Dann wurde das zum Himmel strebende Grün wieder Bambus, das Summen kam von den Insekten, das Rauschen von den Blättern und der Duft von den Blumen.

Kallamarandi flatterte hoch oben nahe den Spitzen der Bambusbäume. »Was du gerade erlebt hast, Bao, ist nur eines der vielen Wunder der Achtsamkeit! Folge dem Staunen, folge deinem Herzen, hör auf den Wind ...« Und er sang:

»Spielend,
wie Kinder,
alles neu entdecken,
Einfachheit wird tiefe Weisheit,
Rückkehr.«

Die Wiederentdeckung der Sinnlichkeit

Den Schatz der Achtsamkeit können wir nur im Hier und Jetzt finden – das hatte schon Kurma, die weise Schildkröte, Bao verraten. Und nun spricht auch Kallamarandi, der bunte Schmetterling, darüber, dass Achtsamkeit nur im gegenwärtigen Augenblick entdeckt werden kann. Aber im Gegensatz zu Kurma gibt er Bao noch einen Tipp, wie das gehen soll: *»Werde wieder zum Bärenkind. Sieh alles so offen und neugierig an, als ob du es zum ersten Mal sehen würdest.«*

Der erste Schritt, der zu einer gesteigerten Achtsamkeit und Lebendigkeit führt, ist einfach: Gib deinem inneren Kind mehr Raum. Tauche tiefer in das Leben ein. Wecke alle deine Sinne. Sie sind die Brücken, die es dir ermöglichen, die Gegenwart bewusst zu erleben – und genau darum geht es ja in der Praxis der Achtsamkeit. Leider steht uns jedoch unser Kopf dabei oft im Weg – oder genauer gesagt, unser analysierender und planender Verstand. In unserem Alltag leiden wir darunter, dass wir unter Zeitdruck stehen und im Erledigungsmodus feststecken, weil wir so viele Verpflichtungen haben. Und als ob es nicht genug Reize gäbe, die unseren Geist überlasten, ziehen uns auch noch ständig digitale Ablenkungen aus dem Smartphone oder den Social-Media-Kanälen in ihren Bann.

»Werde wieder zum Bärenkind ...« Bärenkinder sitzen nicht über ihre Handys gebeugt und Menschenkinder sollten es besser auch möglichst selten tun. Nachdenken, Grübeln, Planen, Surfen oder Scrollen – all das

führt dazu, dass wir uns selbst vergessen. Wir vergessen schlicht, dass wir atmen, einen Körper haben und dass draußen (vielleicht) die Sonne scheint.

Wenn du deine Fähigkeit verlierst, dich selbst und dein Leben mit allen Sinnen wahrzunehmen, wird ein wichtiger Teil in dir leiden. Nennen wir diesen Teil mal dein »inneres Kind«. Wie alle Kinder brauchen auch innere Kinder viele bunte Farben, reiche Erfahrungen, Klänge, Düfte und Berührungen, denn sie wollen die Welt erkunden und auf ganzheitliche Weise begreifen.

Achtsamkeit schenkt dir ein reicheres, erfüllteres und nicht zuletzt auch entspannteres Leben – allerdings: Durch Nachdenken und intellektuelles Verstehen kommst du nicht weit. Der erste Schritt auf der Reise besteht darin, dass du dir bewusst machst, dass der Weg nicht über das Denken, sondern über das Spüren und die unmittelbare Erfahrung führt. Anders gesagt: Du musst ins Wasser springen – nicht nur die große Zehe reinstecken, sondern mit Haut und Haaren hineintauchen. Und wenn das Wasser kalt ist, dann spüre die Kälte, die Frische, das Prickeln auf deiner Haut, spüre, wie du anfängst, tief zu atmen und zu prusten. Lenke deine Achtsamkeit darauf, wie dein Körper beim Schwimmen durchs Wasser gleitet, und vergiss nicht, auch mal einen Blick auf die blühenden Seerosen zu werfen ...

Achtsam genießen

Eine der schönsten Achtsamkeitsübungen besteht darin, mehr zu genießen! Sinnlichkeit und Genuss sind eng miteinander verbunden. Tatsächlich ist Genießen ja nichts anderes, als den gegenwärtigen Moment bewusst zu erleben und wertzuschätzen. Aber das funktioniert nur, wenn du deine Aufmerksamkeit voll und ganz auf deine Sinne lenkst. Sicher genießt du bereits (hoffentlich) viele Momente in deinem Leben – doch du kannst das Genießen auch als konkrete Methode nutzen, um deine Achtsamkeit zu entwickeln:

Schritt 1: Wähle (nur) eine Sache

Entscheide dich bewusst für eine Sache, die du heute bewusst genießen willst und bei der deine Sinne angesprochen werden. Du kannst deine Achtsamkeit nicht auf alles gleichzeitig lenken – du musst wählen. Willst du deine Achtsamkeit auf das Lauschen, das Schauen, das Fühlen, Riechen oder Schmecken ausrichten? Suche dir gezielt eine Möglichkeit, deine Sinne zu entwickeln. Beispielsweise kannst du

- den aromatischen Duft und Geschmack einer Tasse Kaffee genießen,
- barfuß durchs Gras laufen und die Berührung deiner Füße mit dem Boden genießen,

- das wohlige Gefühl warmen Wassers unter der Dusche spüren,
- dich auf den angenehmen Geruch einer Duftkerze oder eines Räucherstäbchens konzentrieren,
- einen Spaziergang im Park machen und den Vögeln lauschen,
- die Bettdecke über dir spüren und die Wärme genießen,
- deine Aufmerksamkeit auf deinen Körper lenken und erfahren, wie sich das wirklich anfühlt, wenn du läufst, Rad fährst, Yoga machst oder tanzt,
- je nach Tageszeit die Sterne oder Wolken am Himmel beobachten,
- deine Katze streicheln und die Berührung genießen,
- durch den Wald gehen und deine Achtsamkeit auf den Duft und die frische Luft lenken.

Schritt 2: Nimm dir Zeit

Ganz gleich, wofür du dich entscheidest: Gib dem Genießen etwas Zeit. Auf die Schnelle geht es nämlich nicht.

Du kannst nur dann in deine Sinneserfahrungen eintauchen, wenn du dich bewusst dem jeweiligen Moment widmest. Nutze die Zeit der Achtsamkeit und die Zeit des Genießens, um die Hektik des Alltags wenigstens für einige Augenblicke hinter dir zu lassen.

Schritt 3: Bemerke, was dich am Genießen hindert

Beobachte, wann dein Kopf dich vom Sehen, Lauschen, Spüren, Schmecken oder Riechen ablenkt. Welche Gedanken oder Gefühle reißen dich aus dem Zustand des Genießens heraus? Sind es Erinnerungen, Zukunftspläne, Vorstellungen, Erwartungen, Sorgen ...?

Ganz gleich, was es ist – verurteile es nicht, sondern beobachte es einfach nur. Denn vor allem darum geht es ja auf dem Weg der Achtsamkeit: klar zu erkennen, was passiert. Und wenn du es erkannt hast, dann atme tief durch und lenke die Achtsamkeit wieder geduldig auf das Genießen in diesem Augenblick.

Mach das Genießen auf diese Weise zu einer Meditation, die dir Ruhe und Freude schenkt.

Bao hatte Kallamarandi noch lange nachgeblickt. Und noch länger hatte er über das, was ihn der bunte Schmetterling gelehrt hatte, nachgedacht. Doch dann hatte er gemerkt, dass ihn gerade dieses Darübernachdenken von seiner Suche wegführte. Bao lächelte, ließ seine Gedanken los und widmete sich wieder ganz dem Lauschen, Riechen und Sehen.

Schließlich aber fühlte er, dass er sich nun weiter auf seinen Weg begeben musste. Er trottete durch den abendlichen Bambuswald, hörte, wie sich die Stimme des Waldes veränderte, und spürte die Bambusblätter unter seinen Füßen. Und mit einem Mal tauchte eine Erinnerung in ihm auf: Auf seiner ersten Reise hatte er seine Bambusblattbibliothek erstellt, indem er jedes Mal, wenn er etwas Neues gelernt hatte, seine Einsichten auf Bambusblättern festhielt. Vielleicht, nein, ganz bestimmt, war es eine gute Idee, das auch diesmal zu tun!

So sammelte er ein paar Blätter und begann nachzudenken, was er wohl schreiben sollte. Es dauerte ein Weilchen, doch dann schrieb er:

Aus Baos Bambusblattbibliothek

Erst wenn du beginnst, deine Sinne zu öffnen, merkst du, was du bisher alles übersehen und verpasst hast. Und dies zu bemerken, ist der erste Schritt.

Du kannst nie alles wahrnehmen. »Alles« ist einfach zu viel. Darum ist es nicht schlimm, etwas zu verpassen. Verstehe nur, dass du jederzeit die Möglichkeit hast, in den Fluss des Seins einzutauchen und immer wieder Neues zu entdecken.

Um deine Sinne zum Leben zu erwecken, musst du zum Kind werden und bereit sein, die Welt wieder neu zu entdecken.

Achtsam sein heißt, ganz da sein und nicht woanders.

Tanzende Blätter

Aufmerksam streifte Bao weiter durch den Bambuswald. Er musste daran denken, was er bei Kallamarandi, dem Schmetterling, gelernt hatte: wie wichtig es doch war, die Welt offen und neugierig wahrzunehmen. Und so versuchte er, besonders achtsam zu sein. Er bemerkte, dass der Bambus immer mehr Laubbäumen wich, je höher hinauf er wanderte. Er beobachtete, wie sich das Licht veränderte – es war weiterhin wunderschön, aber es herrschte ein anderer Grünton vor und der Boden fühlte sich kühler an.

Doch so aufmerksam er auch war – bei seinem nächsten Schritt übersah er eine große Wurzel, stolperte und lag flach auf dem Bauch. »Verflixt!«, dachte er, aber dann musste er über sich selbst lachen. »Achtsamkeit, Bao!«, ermahnte er sich.

Nun, da er schon mal auf dem Boden lag, konnte er ja auch ein kleines Nickerchen halten. Er drehte sich auf den Rücken und blickte nach oben in das tiefe Grün des Laubdachs, durch das vereinzelt Sonnenstrahlen blinzelten. Und wieder achtete Bao auf all die Dinge, die er normalerweise übersehen würde. Er entdeckte, dass das Laubdach nicht einfach nur grün war, sondern dass er umso mehr Grüntöne ausmachen konnte, je länger er sich in das Sehen vertiefte. Und auch die Geräusche waren neu. Das kaum vernehmbare Rauschen der Blätter klang ganz anders als das gleichmäßigere, leise Wispern des Bambus. Sogar das Summen und Brummen der Insekten hatte sich verändert. Und schwebte da nicht der Schmetterling Kallamarandi? Nein, es war ein Blatt, das zu Boden segelte.

Aber was war das? Rührte sich dort etwas im Baum? Bao hatte im Augenwinkel ein Huschen bemerkt, aber als er seinen Kopf wendete, war da nichts. Doch kurz darauf nahm er wieder eine Bewegung wahr, und als er diesmal hinsah, sah er einen buschigen Schwanz hinter einem Baumstamm verschwinden. Bao blieb ruhig liegen und beobachtete den Baum. Da blickte plötzlich ein Gesichtchen hinter dem Stamm hervor. Als das Eichhörnchen sah, dass Bao es bemerkt hatte, grinste es und rief: »Hallo, du lustiger Schwarzweißbär! Was suchst du denn hier in meinem Wald?«

Bao lächelte zurück. »Ach, dein Wald ist das also ...«

»Na klar!«, rief das Eichhörnchen. »Und deiner übrigens auch.«

Bao setzte sich auf. »Schön ist er, mein Wald. Und je mehr ich hinsehe, desto bewusster wird es mir.«

Das Eichhörnchen machte einen Riesensatz zum nächsten Ast, raste in einem Höllentempo in einer Spirale um den Baum herum nach unten und setzte sich direkt vor Bao ins Moos. »Da hast du ganz recht! Je genauer du hinsiehst, desto wunderbarer wird unser Wald. Aber nicht nur der Wald, sondern alles, was du siehst.«

Bao brummte zustimmend. Dann kam ihm eine Idee. »Hör mal, Eichhörnchen ...«

»Nenn mich einfach Shushu.«

»In Ordnung – sehr erfreut. Und ich bin Bao«, antwortete Bao. »Sag mal, Shushu, weißt du vielleicht etwas über den Schatz der Achtsamkeit?«

Shushu sah Bao tief in die Augen. »Den Schatz der Achtsamkeit suchst du? Da hast du aber eine spannende und schöne Reise vor dir – allerdings auch eine ziemlich weite. Aber vielleicht kann ich dich deinem Ziel ja ein bisschen näherbringen.« Shushu leckte sich die Pfötchen und wischte sich damit über das Gesicht. Dann lächelte sie Bao an: »Kennst du das große Geheimnis der kleinen Dinge?«

Bao spitzte die Ohren. »Der kleinen Dinge? Was meinst du? Etwa Ameisen?«

Shushu lachte. »Ja, auch Ameisen. Aber der Weg zum Schatz der Achtsamkeit führt über das große Geheimnis der kleinen Dinge in allem.«

Bao sah Shushu fragend an.

»Das Kleine auch im Großen«, fuhr Shushu rätselhaft fort. Bao schaute so hilf- und ratlos drein, dass Shushu laut lachen musste. »Schau mal nach oben. Siehst du nicht den Tanz der Blätter?«

Bao legte sich wieder auf den Rücken, blickte in das Blätterdach und vertiefte sich ganz ins Jetzt. Der kühle Wind strich sanft über sein Fell und was er sah, ließ seine dunklen Augen allmählich immer größer werden.

Zunächst löste sich ein einzelnes Blatt sanft von seinem Ast und schwebte frei. Es tänzelte in der Luft, wirbelte und drehte sich in der Brise, fast als würde es in der Zeit schweben. Bao konnte sehen, wie das Sonnenlicht auf seine Oberfläche fiel, sein Grün in zahllose Schattierungen aufbrach, die von dunkelgrün bis golden reichten. Nach und nach gesellten sich noch ein paar mehr Blätter dazu, jedes mit seinem eigenen einzigartigen Tanz. Die Blätter wirbelten und segelten, stiegen und fielen, tanzen und schwebten. Sie waren wie Tänzerinnen, die sich in einer Choreografie der Natur bewegten, geleitet von der unsichtbaren Hand des Windes – ein Ballett des Lebens, das sich über Bao wie ein geheimes Flüstern zwischen Himmel und Erde entfaltete.

Für Bao war dieser Tanz eine Offenbarung. Er fühlte, wie

sein Herz ruhig und friedvoll wurde, und er empfand eine große Dankbarkeit für die Wunder der Natur. Es war, als hätte er zum ersten Mal die Augen geöffnet, als würde er erstmals wirklich die Schönheit der Welt um ihn herum sehen. Jedes Blatt, das tanzte und sich im Wind drehte, erzählte seine eigene Geschichte, sang sein eigenes Lied.

Shushu flüsterte leise:

»Waldleben,
Blätter regnen,
tanzen, wirbeln, lachen,
in bunter sommerlicher Pracht,
Stille.«

Das Wunder der kleinen Dinge

Stell dir vor, es ist Ende Oktober. Die Sonne scheint, die Bäume stehen in goldener Herbstpracht. Im Park sammeln Kinder Kastanien auf – kleine braune, glänzende Schätze, die im Sonnenlicht wie Bernstein leuchten.

Wann hast du das letzte Mal eine Kastanie in der Hand gehalten? Gut möglich, dass das schon eine ganze Weile her ist. Kastaniensammeln gehört nicht gerade zu den typischen Freizeitbeschäftigungen eines Erwachsenen. Das ist eigentlich schade, denn gerade in den unscheinbaren, kleinen Dingen – in einer Kastanie, einem Gänseblümchen, einem Kieselstein, einem Schmetterling – verbergen sich große Geheimnisse. Und wenn wir die kleinen Dinge übersehen, haben wir auch keine Augen für die Schönheit, die sich in ihnen verbirgt.

In der Achtsamkeitspraxis geht es darum zu lernen, wie du genauer hinsehen, hinhören und dich selbst intensiver spüren kannst. Im MBSR (*Mindfulness-Based Stress Reduction*, »Stressreduktion durch Achtsamkeit«), der klassischen Methode, um die Achtsamkeit zu entwickeln, wird die Aufmerksamkeit vor allem nach innen gerichtet: auf den eigenen Atem, den Körper, die Gedanken. Doch so wertvoll und hilfreich das ist, um zu sich selbst zu finden, so geht Achtsamkeit doch noch weit darüber hinaus: Schließlich gibt es ja auch ein Außen, dass unsere wache Aufmerksamkeit und Wertschätzung verdient – und letztlich lassen sich Innen und Außen gar nicht trennen, da sich all unsere Erfahrungen in unserem Geist ereignen.

Shushu, das Eichhörnchen, verrät Bao, dass es bei der Suche nach dem Schatz der Achtsamkeit auch darum geht, das Wunder in den kleinen Dingen zu erkennen und zu schätzen. Und sie macht ihn auf ein interessantes Phänomen aufmerksam: Je genauer wir hinsehen, desto stärker verbinden wir uns mit dem Leben. Wenn wir lernen, auch die kleinen Dinge auf meditative Weise zu betrachten, wird unser Geist ruhig und klar. Und das gilt nicht nur, wenn wir uns Blumen, Blättern, Bienen, Nüssen oder Muscheln zuwenden, sondern sogar, wenn es scheinbar banale Gegenstände wie eine Zahnbürste, eine Espressotasse oder ein Kugelschreiber sind.

Wer schon einmal halluzinogene Substanzen zu sich genommen hat, kann ein Lied davon singen: Das Normale, Langweilige erscheint uns nur deshalb so normal und langweilig, weil wir das Besondere mit unserem gewöhnlichen Alltagsgeist nicht erfassen können. Um »tief sehen« zu lernen, sind LSD oder halluzinogene Pilze allerdings nicht nötig. Ein klares Bewusstsein, die Entscheidung, achtsam zu sein, und etwas Zeit – das ist alles, was du brauchst, um die Schönheit und Vielschichtigkeit in den kleinen Dingen zu entdecken und dadurch deinen Geist zur Ruhe zu bringen.

Das Universum in der Nussschale entdecken

Wusstest du, dass in einer Nussschale nicht nur eine Nuss steckt, sondern dass das Geheimnis des Universums darin enthalten ist? Der Makrokosmos spiegelt sich im Mikrokosmos. Und das gilt natürlich nicht nur für Nussschalen, sondern auch für all die anderen kleinen, unscheinbaren Dinge in unserem Leben.

Die folgende Achtsamkeitsübung hilft dir, deinen Horizont zu erweitern, indem du deinen Blick fokussierst. Die »Anleitung« ist einfach: Widme den kleinen Dingen in deinem Alltag mehr Aufmerksamkeit. Halte, wann immer es sich anbietet, kurz inne, um »tief zu sehen«. Das bedeutet, dass du dich einem bestimmten Gegenstand zuwendest und ihn einige Zeitlang genau anschaust. Sei nicht zu wählerisch – nimm, was dir vor die Nase kommt: eine Hummel auf einer Blüte, ein Löwenzahnblatt, einen Kieselstein, einen Apfel, eine Kastanie ... Oder du nimmst die Zahnbürste, einen Ring, die Haferflocken oder Rosinen in deiner Müslischale oder den Milchschaum auf deinem Cappuccino.

Das Ganze ist sehr einfach – mach es nicht zu kompliziert: Schau das Objekt deiner Wahl an. Lass deinen Blick sanft und entspannt werden – es geht nicht darum, zu analysieren, sich furchtbar zu konzentrieren oder die Augen zusammenzukneifen. Lass den Atem frei strömen und halte den Blick einfach auf diesem einen Gegenstand und schenke ihm einige Sekunden oder vielleicht sogar Minuten lang deine ganze Aufmerksamkeit.

Beobachte, wie deine Gedanken allmählich zur Ruhe kommen und sich ein Gefühl von Verbundensein einstellt, wenn du auf diese Weise entspannt und absichtslos schaust.

Bao blieb noch ein ganzes Weilchen staunend liegen, während er den Tanz der Blätter beobachtete. Die Worte seiner kleinen Freundin klangen in seinem Herzen noch lange nach, wie der tiefe Ton einer Glocke noch lange, nachdem sie angeschlagen wurde, hörbar ist. Dann setzte er sich langsam auf und sah das Eichhörnchen an, das immer noch still und lächelnd vor ihm saß und schließlich sagte: »Das Kleine im Großen. Der Tanz der Blätter im Wind. Und jedes einzelne Blatt ist einmalig in seinem Tanz.«

Bao nickte. »Oh ja – und jedes einzelne Blatt ist wirklich wunderschön.«

Shushu legte ihren Kopf schief und seufzte: »Ja, freilich ist das schön, du dummes Bärchen. Aber das Wichtigste ist dir entgangen. Nämlich die Stille.«

Bao sah Shushu enttäuscht an. »Du meinst, dass der Tanz der Blätter gar nicht das war, was du mir zeigen wolltest?«

Shushu schüttelte in gespielter Entrüstung den Kopf. »Aber natürlich wollte ich dir den zeigen. Nur hatte ich gehofft, du könntest etwas mehr Erkenntnis aus deiner Beobachtung gewinnen als nur: ›Ui, das war hübsch.‹«

Bao guckte so unglücklich und beschämt drein, dass Shushu lachen musste und ihn gleich tröstete: »Ach, komm schon, Bao, jetzt sei nicht traurig. Lass uns lieber gemeinsam das Wunder der Stille entdecken!«

Sofort war Bao wieder guter Dinge. »Ja, Shushu«, sagte er fröhlich. »Dann lass uns mal losziehen!«

Shushu machte einen Purzelbaum in der Luft und lachte ihr helles Eichhörnchenlachen. »Ach, Baobärchen, wir müssen doch nicht irgendwohin ziehen. Die Stille, um die es geht, ist die Stille in dir!«

Bao schwieg und horchte in sich hinein. »Hmm – in mir ist aber gar keine Stille«, brummte er. »Ich denke an mein Dorf, ich frage mich, wie ich den Schatz der Achtsamkeit je entdecken soll, und außerdem juckt es mich gerade mächtig am Rücken!«

Shushu sah ihn mit gespielter Strenge an und schüttelte den Kopf. »Und wie war es, als du gerade noch dem Tanz der Blätter gefolgt bist? Hat's dich da etwa auch gejuckt? Oder hast du darüber nachgedacht, wie es den Pandas in deinem Dorf geht?«

Ein großes Lächeln breitete sich auf Baos Gesicht aus. Ja, jetzt wo er an sein Erlebnis zurückdachte, merkte er, dass da tatsächlich nichts gewesen war – nichts außer dem Staunen über den Tanz der Blätter. Das also war es, was Shushu mit der inneren Stille meinte.

Shushu lachte wieder fröhlich auf. »Bärchen, ich sehe, du hast es doch noch begriffen!«

Bao nickte. »Ja, aber als die Stille da war, habe ich sie gar nicht richtig bemerkt. Wie kommt denn das?«

Shushu verdrehte die Augen. »Na, überleg mal ... Wie sollst du sie denn bemerken? Wenn in dir die Stille ist, ist eben Stille in dir. Da grölt keine Bärenstimme: He, guck mal, wie still es hier ist!«

Bao musste lachen. »Ja, dann wär die Stille nicht mehr sehr still.« Dann sah er Shushu bittend an: »Ich glaube, du hast mich dem Schatz der Achtsamkeit schon ein Stück weit nähergebracht.«

»Na, das will ich doch mal hoffen«, sagte Shushu.

Bao legte den Kopf auf die Seite und sah seine kleine Lehrerin prüfend an. »Sag mal, Shushu, kannst du mir nicht vielleicht noch mehr beibringen?«

»Na klar kann ich das«, sagte Shushu. »Zuerst aber sollten wir uns die Stille noch einmal etwas genauer ansehen ...«

Den Lärm der Welt vergessen

Still werden und einmal völlig zur Ruhe kommen – das ist es, wonach sich viele von uns heute sehnen. Wir ahnen, dass die Hektik, das Getriebe und die Rastlosigkeit, die unsere Zeit beherrschen, ein Irrweg sind. Und eigentlich ahnen wir das nicht nur – tief in unserem Inneren wissen wir sogar ganz genau, wie heilsam die Kraft der Stille ist. So wie die Weisen im alten China das schon vor Jahrtausenden wussten, als sie davon sprachen, dass wir uns darum bemühen sollten, »den Lärm der Welt zu vergessen«, und dass es wichtig ist, »den zehntausend Dingen« keine Bedeutung beizumessen.

Zwar ist Shushu nur ein Eichhörnchen und kein chinesischer Meister, aber ihre Botschaft ist die gleiche, wenn sie zu Bao sagt: *»Das Wichtigste ist dir entgangen. Nämlich die Stille.«* Und sie fügt noch eine wichtige Sache hinzu: *»Die Stille, um die es geht, ist die Stille in dir.«*

Unsere Welt ist laut – zumindest überall dort, wo Menschen leben. Viele von uns, die den Wert der Stille erkannt haben, flüchten in die Natur, in die Berge, ins Kloster oder abgelegene Meditationszentren, um den Kopf frei zu kriegen und Ruhe vom alles übertönenden Lärm zu finden. Tatsächlich ist äußere Stille auch hilfreich, um innerlich zur Ruhe zu kommen – nötig ist sie allerdings nicht. Ebenso wie du im Kloster sitzen und innerlich aufgewühlt sein kannst, kannst du vollkommen in dir ruhen, während du dich kurz vor Ladenschluss durch eine Masse von gestressten Leuten bewegst. Am Ende ist das nur eine Frage der Übung.

Um Stille im Außen zu finden, musst du meist lange Strecken zurücklegen und dir vielleicht ein paar Urlaubstage nehmen. Innere Stille kannst du hingegen jederzeit und überall erfahren. Okay – ganz so leicht ist es dann doch nicht, denn du brauchst, wie gesagt, etwas Übung. Du brauchst Übung darin, Ruhe zu bewahren, gelassen zu bleiben und achtsam zu sein. Und zu den effektivsten Übungen, um diese Qualitäten zu entfalten, gehört die Meditation.

In der folgenden Meditation geht es darum, die kleinen Dinge, von denen schon viel die Rede war, zu nutzen, um deine Gedanken zur Ruhe zu bringen. Diese Technik hilft dir, deine Sinne, oder genauer gesagt das Sehen als Werkzeug zur Beruhigung deines Geistes einzusetzen und innere Stille zu erfahren.

Achtsam schauen – Eine Stille-Meditation

- Setz dich bequem hin, entspanne deinen Körper und atme einige Male langsam und tief durch, um deine Alltagsgedanken zur Ruhe kommen zu lassen.

- Wähle einen kleinen Gegenstand für die Meditation aus. Natürliche Objekte wie Blumen, Blätter, Steine oder Wurzeln sind ideal, aber du kannst zum Beispiel auch in die Flamme einer Kerze oder eines Kaminfeuers schauen. Achte vor allem darauf, dass du dein Meditationsobjekt bequem betrachten kannst.

- Richte deine Achtsamkeit auf den Gegenstand deiner Wahl. Betrachte die Farben und Formen, die sich darin zeigen. Du musst jedoch nicht angestrengt schauen oder versuchen, etwas Bestimmtes zu entdecken. Lass einfach deine Augen auf dem Gegenstand ruhen.

- Lass den Atem frei fließen, bleib möglichst entspannt und beobachte deinen Geist. Wahrscheinlich werden schon bald Ablenkungen auftauchen, aber das ist völlig normal. Wenn dein Geist abschweift, dann erkenne dies ohne Wertung an und lenke sanft deine Achtsamkeit zurück auf das Meditationsobjekt.

- Entspanne deine Augen. Achte darauf, dass du nicht starrst, und zwinkere, wann immer es nötig ist. Stell dir vor, du würdest mit deinen Augen lächeln – das hilft dir, eine entspannte Konzentration aufrechtzuerhalten.

- Bleib für die Zeit, die du dir vorgenommen hast, bei dieser Übung. Anfangs zwei oder drei Minuten, doch mit der Zeit kannst du die Meditation auch länger ausführen. Wann immer Gedanken, Gefühle oder körperliche Empfindungen deine Aufmerksamkeit auf sich ziehen, kehre geduldig zum Objekt deiner Meditation zurück.

Die Entdeckung der Stille war ein großer Schritt für Bao. Fast glaubte er, den Schatz der Achtsamkeit vielleicht schon aufgespürt zu haben. Doch als er Shushu davon erzählte, rollte sie sich vor Lachen auf dem Boden. Nachdem sie sich schließlich wieder eingekriegt hatte, sagte sie: »Ach, Bärchen … Einmal eine Zeitlang achtsam zu sein, das ist nicht schwer – das schafft sicher jeder. Aber den Schatz der Achtsamkeit wirklich für sein Leben zu entdecken – bis dahin ist es ein weiter Weg. Stille ist wichtig, aber sie ist nur ein Anfang, nur ein Tor von vielen.«

Beschämt senkte Bao den Kopf. »Kannst du mir dann noch ein anderes Tor zeigen, Shushu?«

»Das kann ich nicht nur, das hab ich sogar schon getan«, sagte das Eichhörnchen. »Das große Geheimnis der kleinen Dinge – hast du es etwa schon vergessen?«

»Ach, die Sache mit den Ameisen?«, grinste Bao.

»Ja – zum Beispiel Ameisen. Oder die Blätter, die Kiesel, das Innere einer Blüte, die Rinde eines Baumes, der ferne Duft eines Mangohains ...«

Shushu führte Bao zum Rand eines Bächleins und setzte sich still ans Ufer. Bao setzte sich neben sie, lauschte dem Plätschern des Baches und begann zu träumen. Gerade als ihm die Augen zufielen, zwickte ihn Shushu. »He, Baobär, wolltest du nicht das Geheimnis der kleinen Dinge finden?«

Bao öffnete schnell wieder die Augen und blinzelte Shushu verlegen an.

»Bao, ich habe eine kleine Aufgabe für dich. Bring mir zwei Kieselsteine – aber bitte zwei, die genau gleich aussehen.«

Bao verbeugte sich. »Sehr gern – wenn's weiter nichts ist.« Er erhob sich und begann im kiesigen Ufer nach Steinen zu suchen. Wie unterschiedlich diese einfachen Kiesel doch waren! Dass sie nicht alle gleich und grau waren, wusste er natürlich, aber dass sie so verschieden waren, erstaunte ihn doch sehr. Manche hatten rote, feine, kupfern glänzende Adern, andere grüne Flecken, viele waren zwar tatsächlich nur grau, hatten aber interessante Formen oder trugen faszinierende Muster aus unterschiedlichsten Grautönen. Manche schimmerten wie Edelsteine, andere waren rau und unscheinbar. Aber jeder war anders.

Allmählich schwante Bao, dass Shushu ihm da keine kleine, sondern eine ganz schön schwere, wenn nicht sogar unlösbare Aufgabe gestellt hatte. So leicht wollte er aber nicht aufgeben und so suchte und suchte er, bis der Abend hereinbrach. Endlich hatte er zwei Steine gefunden, die fast gleich aussahen. Aber eben nicht ganz. Frustriert kehrte er zu Shushu zurück und präsentierte ihr die beiden Kiesel.

Das Eichhörnchen nahm einen der Steine in die Pfoten. Seine Oberfläche war glatt und kühl, und wenn das Licht darauf fiel, schimmerte er fein. »Dieser Kieselstein mag unscheinbar wirken, Bao«, sagte Shushu, »aber sieh, wie er dem Fluss standhält, wie er ihm Lieder flüstert, die nur das Wasser versteht. Jeder Kieselstein erzählt seine eigene Geschichte.« Dann nahm er den anderen Stein. »Und dieser mag dem anderen ähneln, doch auch er ist einmalig, auch er hielt dem Fluss stand. Seine Geschichte ist jedoch eine andere.«

Bao nickte nachdenklich. »Ja, ich verstehe. Jedes Ding, und sei es noch so klein, ist einmalig.«

Als die Nacht hereinbrach, führte Shushu Bao zu einem Teich, auf dem die Strahlen des Mondes tanzten. »Sieh, wie das Mondlicht die Oberfläche des Teiches zum Funkeln bringt, Bao«, sagte Shushu. »Jeder Lichtpunkt, so winzig er auch ist, trägt zur Schönheit des Ganzen bei.«

Als der Morgen erwachte, wies Shushu Bao auf ein Spinnennetz hin, das mit Tautropfen gesprenkelt war. Shushu flüsterte: »Siehst du, Bao, wie jeder kleine Tropfen dem Netz einen geheimnisvollen, zauberhaften Glanz verleiht? So wie diese Tropfen sind auch unsere Handlungen: Egal, *wie klein sie dir erscheinen mögen – keine von ihnen ist unbedeutend.«*

Kaum dass die ersten Sonnenstrahlen durch die Zweige der Bäume brachen, zeigte Shushu Bao einen winzigen Tautropfen auf einem Blatt. »Siehst du, wie dieser kleine Tropfen das Licht einfängt, Bao? Wie er in allen Farben des Regenbogens funkelt und sich dabei selbst nicht verliert? So klein er auch ist, so trägt er doch die Geheimnisse des ganzen Universums in sich.«

Am Nachmittag ruhten sie sich unter einem blühenden Kirschbaum aus. Shushu wies Bao auf eine kleine Knospe an einem Baum hin. »Sieh dir diese zarte Knospe einmal genau an«, sagte Shushu. »Sie ist klein und zerbrechlich, doch in ihr verbirgt sich die Möglichkeit eines mächtigen Baumes. So ist es auch mit allem, was wir denken und tun – was klein beginnt, kann Großes hervorbringen.«

Shushu wies auf die Blüten, die im Wind tanzten. »So vergänglich und flüchtig diese Blüten auch sein mögen – sie erfüllen die Luft mit Duft und Schönheit«, sagte sie. »Sie sind ein Versprechen der Früchte, die wachsen werden, und zeugen von der unaufhaltsamen Kraft des Lebens.«

Bao folgte Shushu still und nahm alles in sich auf. Ja, er war auf dem Weg zum Schatz der Achtsamkeit, langsam kam er voran – das spürte er.

»Achtsamkeit, Bao«, sagte Shushu sanft, »ist nicht zuletzt auch die Kunst, das Wunder in den kleinen Dingen zu erkennen und zu schätzen.«

Mit jedem Schritt, den sie machten, und mit jedem kleinen Wunder, dessen Zeugen sie wurden, erkannte Bao, wie reich die Welt in ihren kleinsten Kleinigkeiten ist. Shushu lächelte und sagte: »Denk stets daran, Bao, dass es erst das

Kleine ist, dass das Große möglich macht, und dass das Kleine in sich selbst wunderbar ist.«

Schließlich brachte Shushu Bao zu einem mächtigen alten Baum, der am Rand des Waldes stand. »Kannst du den Baum lesen?«, fragte sie.

Bao schüttelte verwirrt den Kopf. »Lesen?«

»Ja, Bao – kannst du seine Geschichte lesen? Sieh dir einmal die Rinde des alten Baumes an. Auch sie ist einmalig. Rau und zerklüftet. Und jeder Riss, jedes Muster, jeder Braun- und Grauton erzählt dir von dem Leben des Baums.«

Bao starrte auf die Rinde. Und indem er genau hinsah, fing er an zu verstehen.

»Jeder Baum, Bao«, erklärte Shushu, »ist eine eigene Welt, voller Leben und Erfahrungen. Sieh hin, welche Geschichte der Baum dir erzählt.«

Und wieder senkte sich die Dämmerung über den Bambuswald. Während das ungleiche Paar unter dem Baum saß, beobachtete es eine Raupe, die sich langsam ihren Weg über einen Ast bahnte.

»Sie ist klein und langsam, Bao«, sagte Shushu, »aber in ihr verbirgt sich das Potenzial zu einer wunderschönen Veränderung und Wandlung.«

»Ich weiß«, sagte Bao und lächelte, als er an seinen Freund, den Schmetterling Kallamarandi, dachte.

Shushu war schon am frühen Morgen munter, lief die Bäume rauf und runter, sammelte Nüsse und Samen. Als Bao die Augen aufschlug, hüpfte Shushu auf seinen Bauch. »Du Langschlafbär!«, neckte sie ihn. Bao nickte und rieb sich die Augen.

Er gähnte und streckte sich. »Nun, Shushu, was zeigst du mir heute?«

Shushu sah ihn eine Weile an. »Das große Geheimnis der kleinen Dinge, Bao«, sagte Shushu, »liegt nicht nur in ihrer Existenz, sondern auch in ihrer unerwarteten Vielschichtigkeit und Tiefe.«

Bao sah Shushu erwartungsvoll an.

»Und da ich dir dieses Wunder gezeigt habe, wird es nun Zeit, dass du dich weiter auf die Suche machst, mein liebes Bärchen! Du musst losziehen und es selbst entdecken!«

So enttäuscht Bao auch war, weil er Shushu nun verlassen musste, so wusste er doch auch, dass sie recht hatte. Sie standen friedlich im stillen Herzen des Waldes, der ein anderer, tiefgründigerer geworden war, so wie auch Bao sich verwandelt hatte. Shushu hatte ihn auf dem Pfad der Achtsamkeit weitergeführt und ihm die Augen für die endlose Wunderwelt der kleinen Dinge geöffnet. Bao bedankte sich herzlich bei seiner kleinen Freundin.

»Ich hoffe, wir werden uns wiedersehen!«, rief er Shushu nach, als sie im Wipfel eines großen Baumes verschwand.

»Ganz bestimmt werden wir das!«, hörte er sie noch rufen.

Bevor er sich wieder auf den Weg machte, der ihn zum Schatz der Achtsamkeit führen sollte, hielt er kurz inne, um seiner Bambusblattbibliothek ein neues Blatt hinzuzufügen.

Aus Baos Bambusblattbibliothek

Achtsamkeit öffnet deinen Geist für die Wunder der kleinen Dinge.

Was auf den ersten Blick unbedeutend scheint, wird umso mehr an Bedeutung gewinnen, je genauer du hinsiehst.

Um genau hinzusehen, brauchst du die Stille. Die Stille, die deine Augen öffnet, ist aber nicht im Außen – es ist die Stille in dir.

Ein Hauch von Glück

Inmitten der hügeligen Weite, zwischen den Schattenspielen der hoch aufragenden Bäume, lag ein See. Unberührt und spiegelglatt reflektierte er den azurblauen Himmel des Mittags, ungestört von jeglichem Windhauch. In seiner ruhigen Schönheit schien er den Atem der Welt um ihn herum einzufangen.

Am Ufer des Sees saß Bao und genoss diesen einzigartigen Moment. Er vermisste die Gespräche mit Shushu. Vieles hatte er bei ihr gelernt. Durch sie war sein Blick auf den See jetzt ein ganz anderer, als er es früher gewesen wäre. Bao achtete nun mehr auf die Wunder der kleinen Dinge. Und so erkannte er auch, dass das klare Wasser nur scheinbar bewegungslos ruhte – denn so still es auch schien, war es doch voller Leben. Er staunte über die kleine Welt unter der Oberfläche des Sees: Silbrige Fischlein tänzelten und wirbelten im flachen Wasser, glitzerten im Sonnenlicht und spielten in ihrer eigenen kleinen Unterwasserwelt.

Das Ufer des Sees – ein farbenfrohes Mosaik aus Grüntönen und bunten Blüten – erstrahlte in voller Pracht. Saftige grüne Weiden reichten bis an die Wasserlinie, ihre Blätter berührten fast das kühle Nass, als wollten sie sich vor der Mittagshitze abkühlen. Bao beobachtete die Bienen, die von Blüte zu Blüte summten, und kleine Käfer, die behäbig über warme Steine und durch dichtes Gras krabbelten.

Auf der anderen Seite des Sees, dort, wo das Ufer sanft anstieg und eine kleine Insel aus Schilf und Blumen bildete, tummelte sich eine Entenfamilie. Die Mutter führte ihre flauschigen Küken durchs seichte Wasser – ihre kleinen Füßchen ließen Wellen darin entstehen, die sich über den ganzen See ausbreiteten und immer wieder neue Muster hervorbrachten.

Bao, der das Schauspiel aufmerksam verfolgte, musste

lächeln. Wohin seine Reise ihn wohl noch führen würde? Er dachte an seine Kindheit zurück – daran, dass er damals ein ängstliches, ohnmächtiges und oft auch ganz schön wütendes Bärchen gewesen war. Er erinnerte sich, wie er sich auf seine abenteuerliche Reise zum Geheimnis der Gelassenheit gemacht hatte – erinnerte sich an die vielen Begegnungen, die sein Herz mit Freude erfüllt hatten. Und er dachte auch an die Zukunft, malte sich seine Rückkehr ins Dorf aus und überlegte, welche Abenteuer ihn noch erwarteten.

Als Bao bemerkte, dass er nicht mehr im Hier und Jetzt, sondern in Tagträumen versunken war, öffnete er seine Augen und richtete die Achtsamkeit auf die Welt um ihn herum. Da entdeckte er eine Libelle über dem Wasser. Ihr zierlicher, schillernder Körper funkelte wie ein Juwel im Mittagslicht. Die Libelle tanzte über den See, und ihre filigranen Flügel warfen zarte Schatten auf die glitzernde Wasseroberfläche.

Bao beobachtete fasziniert, mit welcher Anmut und Leichtigkeit die Libelle ihre Kreise zog. Doch offenbar hatte sie auch ihrerseits bemerkt, dass Bao sie beobachtete, denn sie unterbrach ihren Tanz und flog direkt auf ihn zu. Dreimal umkreiste sie surrend seinen Kopf, dann ließ sie sich elegant auf einem Rohrkolben nieder und sah Bao mit ihren großen Facettenaugen an. Mit zarter Stimme sagte sie: »Na, kleiner Panda? Wie ich gesehen habe, beobachtest du mich ja schon eine ganze Weile. Hast du dabei etwas Interessantes entdeckt?«

Bao sah sie erstaunt an. »Du hast mich schon die ganze Zeit gesehen?«

Die Libelle lächelte. »Allerdings, kleiner Panda. Du warst ja nicht zu übersehen – und übrigens auch nicht zu überhören. Ich habe dich schon gesehen, als du aus dem fernen

Wald getrottet bist. Ich habe gesehen, wie du dich achtsam umgesehen hast, und auch, dass du ziemlich schnell schläfrig geworden bist und fast eingeschlafen wärst.«

Bao staunte. »Was? So viel hast du gesehen?«

»Na ja – so viel war es ja eigentlich nicht. Genau genommen war es immer nur eine einzige Sache, die ich wahrgenommen habe – immer nur das, was in der Gegenwart geschah. Wahrnehmen können wir nämlich nur die Gegenwart, und achtsam können wir auch nur in diesem kleinen Augenblick sein, den wir ›Jetzt‹ nennen.«

Bao spitzte die Ohren. Da war sie wieder – die Achtsamkeit! Diese kleine Libelle schien eine Meisterin darin zu sein. »Oh – schöne Libelle, ich bin Bao, und ich suche den Schatz der Achtsamkeit. Kannst du mir etwas darüber verraten?«

»Vielleicht. Nein, ganz bestimmt – auf der Reise zur Achtsamkeit kann dir alles und jeder zum Lehrer werden. Oder zur Lehrerin, denn sogar eine kleine Libelle wie ich kann dich deinem Ziel ein wenig näherbringen. Ich heiße übrigens Fillafaloria.«

»Fillafaloria? Ui – das ist aber ein schöner Name!«, rief Bao. »Ja, bitte, hilf mir doch bei meiner Suche. Du scheinst mir eine wahre Meisterin der Achtsamkeit zu sein.«

»Eine Meisterin? Ach was … Achtsamkeit bedarf keiner Meisterschaft. Als Libelle bin ich immer im gegenwärtigen Augenblick. Und du kannst das ganz bestimmt auch: Lebe einfach im Hier und Jetzt, lieber Bao«, sagte sie, »denn die Gegenwart ist der einzige Ort, an dem das Leben wirklich stattfindet. Die Vergangenheit ist nur eine Ansammlung von Erinnerungen, und die Zukunft ist noch ungeschrieben. Nur in der Gegenwart kannst du handeln, fühlen und wahrnehmen.«

Bao spürte zwar, dass Fillafaloria ihm etwas ganz Wichtiges mitgeteilt hatte, er war sich jedoch noch nicht so sicher, was es bedeutete. »Ja, schon. Natürlich leben wir in der Gegenwart«, brummelte er, »aber es ist doch auch wichtig, sich seiner Vergangenheit bewusst zu sein und aus Fehlern zu lernen, oder? Und ist es nicht auch nötig, dass ich an die Zukunft denke und mir überlege, welche Folgen meine Taten haben?«

»Und ob das wichtig ist, Bao. Ohne Vergangenheit wüsstest du ja gar nicht, woher du kommst. Und ohne Zukunft weißt du nicht, wohin du gehst. Aber ohne in der Gegenwart zu sein, lebst du immer ein kleines und manchmal sogar großes Stück an deinem Leben vorbei. Achtsamkeit bedeutet nicht, dass du nie an Vergangenes oder an die Zukunft denkst – sie bedeutet, dass du weißt, wo du jetzt bist, und dich nicht in Netzen aus Gedanken verhedderst.«

Bao dachte nach. Ihm schwirrte der Kopf. Einerseits schien das ja ganz einfach zu sein. Aber andererseits fand er es auch ganz schön kompliziert.

»Aber wir sind doch immer in der Gegenwart, oder?« Bao sah die Libelle betrübt an.

»Stimmt. Auch wenn du noch so fest an Vergangenes denkst, verschwindet dein Körper deshalb nicht in der Vergangenheit. Denn die Vergangenheit ist nun einmal nicht real. Sie ist nur in deinem Kopf. Das macht aber nichts. Warum solltest du nicht gelegentlich in deine Erinnerungen eintauchen? Und natürlich kannst du auch Zukunftspläne schmieden. Warum nicht? Achtsam zu sein aber, heißt, dass du dir bewusst bist, was du gerade tust – und dass du nicht gleichzeitig träumen oder planen und dabei das Wunder der Gegenwart wahrnehmen kannst.«

Bao nickte nachdenklich. »Ja, das stimmt. Wenn ich an die Vergangenheit und Zukunft denke, merke ich meist gar nicht, dass meine Gedanken und Gefühle dort feststecken. Und dann merke ich auch nicht, dass mir ein Stück Gegenwart verloren geht. Ich spüre nur, dass ich unruhig oder unzufrieden werde …«

»Unser Geist ist wie der See, in dem wir uns spiegeln«, flüsterte Fillafaloria. »Ist der See ruhig, spiegelt er die Welt um sich herum klar und genau wider. Und wenn dein Geist ruhig ist, nimmst du die Welt klarer und bewusster wahr.«

Ihre Worte berührten Bao tief – er nahm sie ganz in sich auf. »Ich glaube, ich beginne zu verstehen«, sagte er. »Das Verweilen in Vergangenheit und Zukunft macht den Spiegel der Seele trüb. Es ist zwar manchmal gut, sich an früher zu erinnern oder an die Zukunft zu denken. Doch das Leben findet nur in der Gegenwart statt.«

»Ja, genau. Achtsamkeit bedeutet, jeden gegenwärtigen Augenblick in seiner vollen Tiefe zu erleben«, sagte die Libelle sanft. »Es bedeutet, die Wunder und Schönheiten um uns herum zu schätzen, die wir übersehen, wenn unser Geist abgelenkt ist, was leider recht oft der Fall ist.«

»Oje, was ich wohl schon alles übersehen habe!«, seufzte Bao. »Aber es fällt mir furchtbar schwer, stets in der Gegenwart zu sein. Immer wieder kommen Gedanken und Gefühle, tauchen Erinnerungen und Hoffnungen auf …«

»Natürlich, Kleiner. Das ist doch ganz normal. Acht-

samkeit ist eben nicht selbstverständlich. Sie erfordert Geduld«, antwortete Fillafaloria. »Es ist ja nicht so wie beim Fluss, der seinen Weg zum Meer ganz von allein findet. Wir können nicht darauf vertrauen, dass unser Bewusstsein sich ganz von selbst entfaltet. Es braucht Zeit und Übung, um die volle Aufmerksamkeit auf den gegenwärtigen Moment zu lenken.«

Ihre Worte beruhigten Bao.

»Und schließlich«, schloss sie, »vergiss nicht, dass Achtsamkeit eine Praxis ist. Sie ist ein Pfad, kein Ziel.«

Bao sah sie fragend an. »Aber mein Ziel ist doch, den Schatz der Achtsamkeit zu finden. Willst du etwa sagen, dass ich mein Ziel aufgeben sollte?«

Fillafaloria lachte. »Ach, Bao, mach dir nicht so viele Gedanken. Schmiede nicht so viele Pläne, sondern folge einfach deinem Herzen. Und am besten machst du dich gleich auf den Weg – jetzt!« Lachend und mit einem Flügelschwirren erhob sie sich in die Luft, und sang:

»Jetzt,
im Hier,
die Vergangenheit flieht,
im vollkommen gegenwärtigen Sein,
Achtsamkeit.«

Jetzt leben

Die Fußgängerampel schaltet auf Grün. Die junge Frau schiebt einen Kinderwagen über die Straße. Eine alte Vespa hält knatternd an, der Spatz am Straßenrand flattert verschreckt davon – und weg ist er. Weg ist auch die Frau mit dem Kinderwagen. Und jetzt ist auch die Vespa verschwunden. Schneller, als wir schreiben können, ist alles schon wieder Vergangenheit.

Mit dem »Jetzt« ist es eine verrückte Sache: Im Gegensatz zu den vielen Jahren, die hinter uns liegen, und den hoffentlich vielen Jahren, die noch vor uns liegen, findet das Jetzt nur in einem winzigen Bruchteil einer Sekunde statt, um sofort durch ein neues Jetzt ersetzt zu werden. Unser Leben ist ein Fluss von unendlich aufeinanderfolgenden »Jetzts«. Und im Gegensatz zu unserer Zukunft oder Vergangenheit sind diese kurzen Augenblicke alles, was wir erfahren können. Sie sind es, die uns mit der Wirklichkeit unseres Lebens verbinden, sofern wir sie auch tatsächlich wahrnehmen.

Der wohl größte Vorteil der Achtsamkeit ist, dass Achtsamkeit unser Bewusstsein schult, den gegenwärtigen Augenblick in seiner ganzen Fülle zu erfassen – den einzigen Augenblick, in dem unser Leben wirklich stattfindet. Es geht bei der Achtsamkeit nicht darum, zukünftige Entwicklungen zu ergründen, wie in der Astrologie, oder die Vergangenheit aufzuarbeiten, wie in der Psychoanalyse. Achtsamkeit ist bescheiden und einfach. »Hier und Jetzt ist mehr als genug.«

Gerade wenn die Zeiten turbulent sind, wenn du unter Ängsten leidest, dich sorgst, an der Welt verzweifelst oder den Sinn in deinem eigenen Leben vermisst, gibt es nur ein Heilmittel, das dich wirklich retten kann: Lenke deine Achtsamkeit auf das Jetzt!

Fokussiere dich ganz und gar auf die Gegenwart. Alles andere funktioniert nicht. Probleme zu verdrängen, ist keine gute Idee. Schon bald werden sie wieder an deiner Haustür klopfen – und irgendwann so laut, dass du sie nicht mehr überhören kannst. Positives Denken oder andere Beschönigungsstrategien sind nur Pflaster, die dein Leiden vielleicht für kurze Zeit lindern, aber niemals heilen können.

Achtsamkeit bezieht sich ausschließlich auf das Hier und Jetzt. Oder wie die Libelle es ausdrückt: *»Achtsamkeit bedeutet, jeden gegenwärtigen Augenblick in seiner vollen Tiefe zu erleben. Es bedeutet, die Wunder und Schönheiten um uns herum zu schätzen, die wir übersehen, wenn unser Geist abgelenkt ist.«*

Wenn du ganz im Jetzt bist, wird dein Geist ruhig und klar. Probleme musst du denken, sonst hast du sie nicht. Und wenn du deinen Geist darin schulst, deine Aufmerksamkeit immer wieder auf das zu lenken, was in diesem lebendigen Moment erfahrbar ist, wird dein Kopf ziemlich schnell frei werden. Der Ballast, den wir tagtäglich mit uns herumtragen, entsteht nämlich vor allem durch unsere schweren Gedanken, die wiederum belastende Gefühle zur Folge haben.

Heißt das nun, dass wir versuchen sollten, uns keine Gedanken mehr über die Vergangenheit oder die Zukunft zu machen? Natürlich nicht! Schließlich wären wir ohne unsere Vergangenheit gar nicht hier. Wir könnten nicht aus unseren Erfahrungen lernen, und das heißt, dass wir im Grunde gar nichts lernen könnten. Ebenso wenig könnten wir in die Zukunft planen oder darüber nachdenken, wie unser Weg weitergehen soll. Doch keine Sorge – die Gefahr besteht sowieso nicht. Wir sind Menschen, und das heißt, dass wir selbstverständlich auch über Vergangenes nachdenken und Pläne schmieden. Doch alles zu seiner Zeit.

Achtsamkeit hilft dir dabei, dich nicht zu verstricken –dich nicht in Schuldgefühlen, Bedauern, Zukunftsängsten und Sorgen zu verlieren oder dir den Kopf über Dinge zu zerbrechen, die du sowieso nicht beeinflussen kannst.

Es ist ein großer Unterschied, ob du dich in deinen Gedanken und Gefühlen wie in einem Spinnennetz verfängst oder ob du klar und bewusst beobachtest, dass gerade bestimmte Gedanken und Gefühle durch dein Bewusstsein ziehen. Ersteres passiert, wenn du wie in Trance durchs Leben gehst. Letzteres gelingt dir, wenn du aufwachst.

Achtsamkeit hilft dir bei diesem Aufwachen – mehr nicht. Und da du nur im Hier und Jetzt aufwachen kannst, wird in der Achtsamkeitspraxis so viel Wert auf Gegenwärtigkeit und Präsenz gelegt. Die folgende Übung ermöglicht es dir, deine Fähigkeit, gegenwärtig, präsent und gelassen zu sein, gezielt zu entwickeln.

Hier und jetzt im Körper sein

Dein Körper ist immer im Hier und Jetzt. Du kannst dir zwar vorstellen, was du gestern getan hast oder was du morgen tun wirst, aber das passiert alles nur in deinem Kopf. Dein Körper kann nicht in die Vergangenheit oder Zukunft springen.

Im Zen wird betont, wie wichtig es ist, »Körper und Geist zu vereinen«. Vor allem wenn sich deine Gedanken allzu selbstständig machen oder deine Emotionen mit dir durchgehen, ist es sehr hilfreich, dich zu sammeln und dich wieder mit dem jetzigen Augenblick zu verbinden. Und am schnellsten geht das, indem du die Achtsamkeit auf deinen Körper lenkst. Die Anleitung ist einfach: »Spüre deinen Körper.« Das ist alles.

Da es allerdings nicht so leicht ist, seinen ganzen Körper zu spüren – schon gar nicht für Anfängerinnen oder Anfänger –, findest du hier eine konkrete Methode:

1. *Prüfe deine Haltung.* Sitzt du? Stehst oder liegst du? Ist dein Rücken krumm oder gerade? Wie ist deine Körperhaltung in diesem Augenblick? Allein dadurch, dass du dir diese Fragen stellst, kannst du das Kopfkino blitzschnell ausschalten.
2. *Lenke deine Achtsamkeit* nun abwechselnd in einzelne Körperregionen:

   - Spüre deine Füße. Beobachte alle Empfindungen in den Fußsohlen, den Zehen und am Fußrücken.

- Spüre deine Hände. Lenke die Achtsamkeit auf die Handinnenflächen, die Finger, die Handrücken. Achte auch darauf, ob die Hände warm oder kalt sind.

- Spüre dein Gesicht. Spüre, wie deine Stirn, die Augen, die vielen kleinen Muskeln rund um die Augen und wie Mund und Kiefer sich anfühlen.

Wiederhole diesen Zyklus einige Male: Lenke deine Aufmerksamkeit jeweils kurz auf die Füße, dann auf die Hände und anschließend auf dein Gesicht. Wenn du unnötige Anspannungen in Füßen, Händen oder im Gesicht bemerkst, dann lass sie mit dem Ausatmen los.

Du kannst diese Übung nahezu jederzeit und überall machen. Indem du Kontakt zu deinem Körper aufnimmst, verbindest du dich zugleich mit der Kraft der Gegenwart.

Bao saß noch eine ganz Weile am Ufer und betrachtete den kristallklaren See. Er übte sich darin, ganz im Jetzt zu verweilen. Seine Vergangenheit war vergangen, und die Zukunft würde ganz sicher auch ohne sein Zutun kommen. Als der Abend anbrach, lächelte er und schrieb ein neues Blatt für seine Bambusblattbibliothek:

Aus Baos Bambusblattbibliothek

Wohin auch immer du gehst, geh mit ganzem Herzen – und sei dort voll und ganz präsent.

Die Gegenwart ist der Leuchtturm, der uns den Weg durch die Stürme der Zeit zeigt.

Vergangenheit ist Geschichte, Zukunft ein Geheimnis und jeder Augenblick ein Geschenk. Die Zukunft ist noch nicht da, lass nicht zu, dass sie dein Jetzt verdunkelt.

Achtsamkeit ist ein Weg, kein Ziel.

Das Lied der Vögel

Fröhlich marschierte Bao entlang eines einsamen Pfades, der durch einen lichten Wald führte. Die Bäume waren hoch und stattlich, ihre Blätter bildeten ein dichtes, grünes Dach, das das Sonnenlicht in sanften Strahlen durchließ und den Wald in ein schimmerndes Leuchten tauchte.

Inmitten dieser Ruhe und Stille vernahm Bao plötzlich einen Hilferuf, der sich vom heiteren Konzert der übrigen Vögel abhob. Bao folgte dem Klang und entdeckte schon bald den kleinen Vogel. Er saß auf dem Boden, und sein Gefieder schimmerte im Sonnenlicht, als wäre es mit Tautropfen besetzt. Ein Flügel hing schlaff herab, und das Vöglein sah Bao ängstlich an. Da es aber schnell erkannte, dass Bao offenbar nichts Böses im Sinn hatte, fasste es Mut und sprach: »Hallo, Bär, kannst du mir helfen?« Der Vogel machte ein paar kleine Hüpfer auf Bao zu und blieb vor ihm sitzen. »Eine Katze wollte mich zum Frühstück verspeisen. Ich konnte gerade noch entkommen, aber leider hab ich mir dabei den Flügel verletzt und jetzt kann ich nicht mehr fliegen. Ich hoffe sehr, dass die Katze mich hier nicht findet, denn dann ist es aus mit mir.« Der kleine Vogel legte den Kopf schief und sah Bao skeptisch an: »Du frisst doch wohl hoffentlich keine Spatzen, oder?«

Vorsichtig nahm Bao das Vögelchen in seine Pfoten und spürte, wie das kleine Herz aufgeregt pochte. »Keine Sorge. Ich esse überhaupt keine Tiere – nicht einmal ganz kleine. Schließlich gibt es hier überall meine Lieblingsspeise: leckeren Bambus.«

Bao sah sich den verletzten Flügel genau an. Seine Großmutter, die in seinem Heimatdorf als Heilerin bekannt gewesen war, hatte ihn bereits in seiner Jugend in der Heilkunst unterrichtet.

»Du musst jetzt mal kurz den Schnabel zusammenbeißen, kleiner Spatz«, sagte er – und mit einem schnellen Ruck war der Flügel wieder eingerenkt. Nach einigen vorsichtigen Versuchen konnte der kleine Vogel seinen Flügel schon wieder ein wenig bewegen.

»Oh, danke, lieber Bär. Ich habe in diesem Wald noch niemanden getroffen, der ein so großes Herz hat und so hilfsbereit ist wie du. Ich finde, das ist eine großartige Gabe, die du da hast!«

Bao schüttelte den Kopf. »Ach wo. Es ist doch selbstverständlich, dass ich dir helfe! Und wer weiß, vielleicht kannst du mir ja auch weiterhelfen. Ich bin nämlich auf der Suche.«

»Auf der Suche?«

»Ja – ich suche den Schatz der Achtsamkeit …«

»Oh, das ist gut – sehr gut sogar! Achtsamkeit ist wirklich sehr wichtig. Und für kleine Vögel sogar überlebenswichtig.«

Bao glaubte zu verstehen. »Klar, wenn du achtsamer gewesen wärst, hätte dich die Katze wohl nicht erwischt.«

»Oh nein! Daran lag es nicht«, antwortete der Spatz und schüttelte energisch sein Köpfchen. »Ich hatte die Katze durchaus bemerkt. Aber eine liebe Freundin war in Gefahr – die Katze hatte sich nämlich schon ganz nah an die Kleinen in ihrem Nest herangeschlichen. Wenn ich die Katze nicht schnell abgelenkt hätte, hätte sie bestimmt alle aufgefressen. Achtsam zu sein, reicht eben nicht. Ohne Mitgefühl ist Achtsamkeit wertlos.«

Bao spitzte die Ohren. Er hatte das Gefühl, dass sein neuer kleiner Freund ihn auf seiner Suche weiterbringen würde. Bao überlegte, was Mitgefühl wohl mit Achtsamkeit zu tun haben könnte. Seinem Kopf war das noch nicht so ganz klar, aber tief in seinem Herzen hatte er längst verstanden.

Piri, der Spatz, spürte, dass Bao neugierig geworden war, und sagte: »Wie es einem gehen kann, wenn er nur noch einen gesunden Flügel hat, das hast du ja gerade gesehen, als du mich hier gefunden hast.« Baos fragender Blick belustigte den kleinen Vogel, der zwitschernd auf und ab hüpfte: »Das ist doch ganz einfach: Mit einem Flügel kann man nicht fliegen! Und die beiden Flügel, die wir brauchen, um wirklich frei zu werden, sind Achtsamkeit und Mitgefühl. Mitgefühl gehört dazu, verstehst du? Erst in der Freundschaft offenbaren sich die größten Schätze unseres Lebens. Selbst kleine Gesten des Mitgefühls und der Güte bereichern uns und schenken uns Geborgenheit.«

Piri sah, wie Baos Augen zu leuchten begannen. »Ich glaube, wir werden gute Freunde sein«, sagte er.

Bao lächelte. »Das glaube ich auch. Ich werde jedenfalls bei dir bleiben, bis dein Flügel wieder ganz verheilt ist.«

Und so blieb Bao bei seinem kleinen Freund Piri. Er gab gut acht, dass ihm keine Katze zu nah kam, und das fiel ihm gar nicht schwer, denn welche Katze hätte es schon gewagt, einen ausgewachsenen Panda herauszufordern? Mit jedem Tag vertiefte sich die Freundschaft der beiden. Bao gab Piri Schutz, aber er bekam etwas nicht minder Wertvolles, nämlich eine tiefe Einsicht in das Wunder der Achtsamkeit, der Freundschaft und des Mitgefühls.

»Jedes Lebewesen hat seine eigene Geschichte zu erzählen, weißt du? Wenn wir bereit sind zuzuhören, können wir die

Weisheit darin entdecken«, zwitscherte Piri, während er vergnügt in einer Pfütze plantschte.

»Aber es gibt doch so unglaublich viele Wesen – wo soll man denn beginnen zuzuhören?«, wollte Bao wissen.

»Oh, das ist leicht!«, antwortete Piri. »Fang einfach bei dir selber an. Hör dir selbst zu. Hör auf die Geschichten, die dein Herz dir erzählen will. Wir können anderen nur helfen, wenn wir gelernt haben, uns selbst Aufmerksamkeit und Liebe zu schenken. Erst wenn es dir gelingt, dich selbst zu umarmen, kannst du auch anderen wahre Zuneigung schenken.«

Sich selbst umarmen? Bao schaute ratlos auf seine kurzen Pfoten, aber dann wurde ihm klar, was der Spatz gemeint hatte. Je länger er über Piris Worte nachdachte, desto mehr verstand er die Weisheit darin. So hatte er das noch nie gesehen: Wie wichtig Güte und Mitgefühl waren, das hatte ihm sein Großvater früher zwar oft gesagt, aber dass zum Mitgefühl auch Selbstmitgefühl gehört, begann ihm erst jetzt zu dämmern. Was das Ganze aber mit Achtsamkeit zu tun haben könnte – das war Bao noch immer ein Rätsel.

Als er Piri danach fragte, sah ihn sein gefiederter Freund ernst an. Schließlich sprach er: »Es sind die Liebe und das Mitgefühl, die unsere Herzen öffnen und es uns ermöglichen, die Schmerzen der Welt zu sehen und zu lindern. Und dazu gehört auch, dass du mit dir selbst mitfühlst und deine eigenen Leiden und Bedürfnisse erkennst.«

»Das verstehe ich«, sagte Bao. »Aber ich weiß immer noch nicht, wie das mit dem Schatz der Achtsamkeit zusammenhängen soll …«

Der kleine Spatz gab ein amüsiertes Zwitschern von sich. »Aber Bao, das ist doch nicht kompliziert: Nur wer achtsam ist, kann das Leiden in der Welt erkennen und es dann auch lindern. Damit wir die Welt durch unsere Taten und Worte verändern können, müssen wir ganz wach und bewusst sein.«

Während Bao noch darüber nachdachte, fuhr Piri fort: »Der Wert unserer Taten liegt nicht in ihrer Größe, sondern in der Menge an Liebe, die wir in sie hineinzustecken vermögen. Jede Tat der Freundlichkeit, egal wie klein, kann das Leben eines anderen verändern. Und um wahrhaft zu lieben, sollten wir erst einmal achtsam wahrnehmen und verstehen!«

Bao fuhr sich nachdenklich mit der Tatze über den Kopf. Dann sagt er: »Also, wenn ich das richtig verstehe, meinst du, dass Freundlichkeit und Mitgefühl ganz von selbst entstehen, wenn wir achtsam leben. Weil wir dann die Probleme anderer Wesen erkennen und den Wunsch haben, ihnen zu helfen, um ihre Probleme zu lindern. Aber heißt das denn nicht, dass wir dabei unser eigenes Glück opfern?«

Piri plusterte sich auf und sah Bao mit großen Augen an. »Oh nein – woher?! Ganz im Gegenteil! Das wahre Glück liegt in der Freude, die wir anderen schenken. Mit offenem Herzen und tiefem Mitgefühl verbreiten wir Glück, das wir in die Welt strahlen und das wie eine warme Sonne auf uns zurückstrahlen wird.«

Baos Augen leuchteten auf. »Ja, jetzt verstehe ich es.«

Lange schwiegen die beiden, und Piri bemerkte, dass Bao immer noch nachdenklich wirkte. Schließlich fuhr er fort:

»Leider weiß ich aber immer noch nicht genau, was es wirklich bedeutet, achtsam zu sein. Ich habe gelernt, dass Achtsamkeit im Hier und Jetzt ist, dass sogar die kleinsten Dinge durch Achtsamkeit einen besonderen Zauber bekommen und ihre Einmaligkeit offenbaren und auch, dass Achtsamkeit und Mitgefühl zusammenhängen. Aber heißt, achtsam zu sein, denn nicht einfach nur aufmerksam zu sein? Ich höre den Gesang der Vögel – den ich früher oft gar nicht wahrgenommen habe. Aber das heißt doch nur, dass ich jetzt besser aufpasse, oder?«

»Sicher, mein lieber Bao – Aufmerksamkeit ist ein wichtiger erster Schritt, und es ist schön, dass du die Vögel singen hörst. Wenn du aufmerksam zuhörst, erkennst du die Melodien und die unterschiedlichen Stimmen. Aber Achtsamkeit lässt dich die Stille zwischen den Tönen hören, die den Gesang der Vögel erst zur Melodie macht. Sie ist das Bewusstsein zwischen den Gedanken, das nicht wertet und uns Frieden bringt.«

Bao staunte. Er begann zu ahnen, was wahre Achtsamkeit bedeutet, und ein breites Lächeln stahl sich auf sein Gesicht. Er hatte das Gefühl, dass der Schatz der Achtsamkeit greifbar nahe war.

»Der Gesang der Vögel«, fuhr Piri fort, »ist die Melodie, die das Herz des Waldes erklingen lässt. Jeder Ton, jedes Rufen, Zwitschern und Singen ist Ausdruck der Freude und der Energie des Lebens.«

Bao schloss die Augen und lauschte. Er tauchte ganz in den summenden Klang des Waldes ein und versuchte, die Stille zwischen den Tönen und die Stille zwischen seinen Gedanken zu vernehmen.

Leise sagte Piri: »Hörst du es? Im Gesang eines jeden

Vogels liegt eine Geschichte. Wenn du ganz still bist und lauschst, kannst du die Geschichten von Mut und Überleben, von Liebe und Sehnsucht hören.«

Bao war still und hörte zu. Und je mehr er in das Lauschen eintauchte, desto ruhiger wurden seine Gedanken und desto deutlicher spürte er, wie eine tiefe Liebe zum Wald und seinen Bewohnern in ihm aufblühte.

Schließlich flüsterte er: »Jeder Vogel singt sein eigenes Lied. Und so wie der Gesang eines jeden Vogels einzigartig ist, so ist auch jedes Lebewesen einzigartig und wertvoll.«

Piri lachte sein zwitscherndes Lachen. »Genau, Bao. Mir scheint, du hast das Geheimnis des Waldes erkannt. Der Wald lehrt uns Achtsamkeit, der Gesang der Vögel Mitgefühl. Gemeinsam offenbaren sie uns die Melodie des Lebens.«

Bao öffnete die Augen und sah seinen kleinen Freund mit großen, staunenden Augen an. »Ist das der Schatz der Achtsamkeit?«

Wieder lachte Piri. »Ach, Bao, frage nicht mich, frage lieber dein Herz. Ich glaube, du wirst noch ein wenig weiterwandern müssen, bis du den Schatz der Achtsamkeit findest. Aber was weiß ich schon – ich bin ja nur ein kleiner Spatz. Allerdings denke ich, dass du heute etwas Wichtiges erkannt hast, dass nämlich in jedem Lied, das ein Vogel singt, ein Hauch von Mitgefühl mitklingt.«

Bao nickte. Sicher stimmte es, dass es noch viel zu entdecken gab. Aber was er bei Piri gelernt hatte, war zweifellos ein sehr großer Schritt auf seinem Weg.

Piris Flügel war inzwischen wieder ganz verheilt, und er hatte schon erfolgreich die ersten Flugversuche unternommen. Eines Morgens sprach er zu Bao: »Ich danke dir, mein lieber, sanftmütiger Bärenfreund. Sehr gern würde ich noch etwas mehr Zeit mit dir verbringen, doch ich fühle, dass du nun deinen eigenen Weg gehen und weiterziehen musst.«

Bao spürte einen Anflug von Wehmut, doch natürlich wusste er, dass Piri recht hatte. Und so verabschiedeten sich die beiden Freunde herzlich voneinander, und Bao versprach, Piri bald wieder zu besuchen.

»Achtsamkeit und Mitgefühl sind die Melodie, die der Wald singt«, zwitscherte Piri zum Abschied. »Wenn wir still sind und zuhören, können wir dieses Lied hören und unsere eigene Melodie dazu singen. Eines Tages wirst auch du lernen, deine eigene Melodie zu singen, Bao.«

Und indem er davonflog, sang er:

»Mitgefühl,
atme achtsam.
Leben im Jetzt,
Vögel singen ihr Lied,
liebevoll.«

Das achtsame Herz

Heute hört und liest man ja viel über Achtsamkeit. Doch die Wurzeln dieses Konzepts liegen nicht im Westen. Vielmehr ist die Praxis der Achtsamkeit schon seit rund 2500 Jahren im Buddhismus bekannt und steht im Zentrum der buddhistischen Lehre. Wer nur wenig über den Buddhismus weiß, glaubt oft, dass sich hier alles um Achtsamkeit und die Beruhigung des Geistes dreht. Tatsächlich aber ruht die buddhistische Lehre auf zwei Pfeilern: auf Achtsamkeit und Mitgefühl.

Das universelle Gesetz der wechselseitigen Verbundenheit bildet den Kern des Buddhismus, wie auch vieler anderer spiritueller Lehren. *»Achtsamkeit und Mitgefühl sind wie zwei Flügel: Um innere Freiheit und inneren Frieden zu erlangen, brauchen wir beide«*, wird Bao in seine Bambusbibliothek schreiben. Und auch Piri, der kleine Vogel, betont, dass Achtsamkeit ohne Mitgefühl wertlos ist.

Wenn du gern achtsamer und bewusster leben möchtest, dann nimm dein Herz mit auf die Reise. Und umgekehrt: Wenn du anderen mit offenem Herzen begegnen und dich mit ihnen stärker verbunden fühlen willst, dann bleibe achtsam und gesammelt. Ohne Achtsamkeit ist Güte nicht möglich. Und ohne Achtsamkeit kann es außerdem leicht passieren, dass wir Abhängigkeit mit Liebe verwechseln.

Es gibt keinen größeren Schatz als ein liebevolles Herz. Wo die Liebe ihre zarten Schwingen ausbreitet, ist kein Platz mehr für Angst, Sorge, Hass oder Ärger. Aber kann man selbstlose Liebe lernen? Kann man Güte üben? Ja – das geht.

Die Kraft des Mitgefühls wecken: Drei Wege

ERSTE MÖGLICHKEIT: Kultiviere Achtsamkeit. Öffne dich für das Jetzt, entspannt und ohne die Dinge zu verurteilen. Achtsamkeitsmeditationen führen mit der Zeit ganz von selbst dazu, dass dein Herz erwacht. Oder wie Bao es in seine Bambusbibliothek schreiben wird: *»In der Stille der Achtsamkeit entdeckst du das tiefe Meer des Mitgefühls, das in jedem von uns ruht und uns umfängt.«*

In unserem tiefsten Wesen sind wir gütig und mitfühlend. Und wer ruhig wird und tief genug schaut, erkennt bald, dass innere Stille und Mitgefühl gar nicht zu trennen sind.

ZWEITE MÖGLICHKEIT: Du kannst die Kraft des Mitgefühls auch aktiv in dir wecken – vor allem dadurch, dass du andere und dich selbst freundlicher behandelst. Freundlichkeit und Entgegenkommen sollten selbstverständlich sein.

Indem du allen Wesen offen und freundlich begegnest, sendest du ein Licht in die Welt, das früher oder später wieder auf dich selbst zurückstrahlen wird. Liebe ist kein Zufall. Es ist deine Entscheidung. Entscheide dich dafür, zu lieben, zu lächeln und rücksichtsvoll zu sein – aber vergiss dabei dich selbst nicht. Selbstmitgefühl ist nicht egoistisch, sondern die notwendige Voraussetzung dafür, anderen Mitgefühl entgegenzubringen. Nur wenn du dir die Wärme der Liebe auch selbst schenkst, kannst du sie großzügig verteilen.

DRITTE MÖGLICHKEIT: Aus dem Buddhismus stammt eine Meditationsmethode, durch die du gezielt Mitgefühl und Güte kultivieren kannst – die Metta- oder Herzmeditation. Idealerweise solltest du sie regelmäßig ausführen – sie nimmt nur wenige Minuten in Anspruch. Hier ist eine einfache Variante:

- Setz dich aufrecht hin, schließe die Augen und entspanne deinen Körper. Atme einige Male langsam und tief durch.

- Stell dir vor, wie vor deinem inneren Auge eine Person erscheint, die dir nahesteht und die du gernhast, sei es eine Freundin, dein Kind, dein Partner, eine nette Kollegin oder ein Verwandter – die Wahl liegt bei dir.

- Während du deinen Atem entspannt fließen lässt, sendest du innerlich ein Lächeln an diese ausgewählte Person. Denke dabei die Sätze: »Ich wünsche mir, dass du glücklich bist. Ich wünsche mir, dass du frei von Leiden bist.« Wiederhole diese beiden Sätze innerlich mehrmals.

- Stell dir nun jemanden vor, den du nur flüchtig kennst, oder auch jemanden, der dir nicht sonderlich sympathisch ist. Lass diese Person vor deinem inneren Auge erscheinen.

- Bleib entspannt und lass den Atem frei strömen. Sende in deiner Vorstellung ein Lächeln an diesen

Menschen und sprich dabei mehrmals innerlich die Sätze: »Ich wünsche mir, dass du glücklich bist. Ich wünsche mir, dass du frei von Leiden bist.«

- Beende die Meditation, indem du tief durchatmest und die Augen dann wieder öffnest.

Wenn du möchtest, kannst du diese Meditation abwandeln und dir selbst Liebe schenken. Lege dazu die Hände auf dein Herz, schließe die Augen und lass den Atem entspannt fließen. Wiederhole dabei innerlich die Sätze: »Möge ich glücklich und geborgen sein. Möge ich frei von Leiden sein.«

Bao blickte seinem Freund noch lange hinterher. Dann schloss er die Augen, lauschte dem Klang des Waldes, dem Gesang der Vögel und dachte darüber nach, wann er wohl seine eigene Melodie finden würde …

Bao waren der Wald und seine Klänge so vertraut geworden, dass es ihm schwerfiel, sich wieder auf den Weg zu machen. Doch er wusste, dass er seinen Weg fortsetzen musste, wenn er den Schatz der Achtsamkeit finden wollte. Eines aber gab es noch zu tun, bevor er aufbrach. Er lächelte und schrieb ein neues Blatt für seine Bambusblattbibliothek:

Aus Baos Bambusblattbibliothek

In der Stille der Achtsamkeit entdeckst du das tiefe Meer des Mitgefühls, das in jedem von uns ruht und uns umfängt.

Erst wer gelernt hat, sich selbst zu umarmen, kann anderen wahres Mitgefühl schenken.

Freundlichkeit und Offenheit sind wie Brücken, die die Kluft zwischen »Ich« und »Du« überwinden.

Achtsamkeit und Mitgefühl sind wie zwei Flügel: Um innere Freiheit und inneren Frieden zu erlangen, brauchen wir beide.

Die weinende Wolke

Bao stieg höher und höher. Die anstrengende Bewegung und die frische, klare Bergluft taten ihm gut, und mit jedem Schritt wurde sein Geist freier. Der Wald war jetzt ganz licht. Bao durchstreifte die hohen Gebirgspfade. Von dieser höheren Warte aus wurde ihm die Weite der Natur bewusst – wie unendlich viel Raum die Welt doch bot! Von hier oben aus betrachtet wirkte die Welt unter ihm wie ein Zwergenreich: Der Wald, aus dem er gekommen war, schien wie eine Wiese. Die mächtigen Bäume waren auf Grasgröße geschrumpft und die gewaltigen Felsen glichen Kieselsteinen.

Bao setzte sich auf einen Felsvorsprung und ließ seinen Blick schweifen. Während er allmählich wieder zu Atem kam, versuchte er, seine Gedanken still werden zu lassen und das Wunder des Augenblicks zu genießen. Warum aber gelang ihm das nicht? Eigentlich sollte er sich jetzt doch ganz frei und unbekümmert fühlen – stattdessen war da ein Schatten, eine unerklärliche Trauer. Er verstand nicht, warum er sich so bedrückt fühlte. Bao wollte sich von diesem unangenehmen Gefühl befreien und versuchte, es loszulassen. Doch so sehr er sich auch bemühte – die Traurigkeit verschwand einfach nicht. Im Gegenteil. Bao ärgerte sich, dass er es einfach nicht schaffte, seine düsteren Gefühle unter Kontrolle zu bringen.

Er hob den Blick zum Himmel – oft half ihm das, innerlich wieder zur Ruhe zu kommen. Da sah er eine imposante Wolke, die sich in der Ferne formte. Zunächst war sie ein zartes Gebilde, schneeweiß und flauschig. Doch je näher sie *kam – und sie kam schnell –, desto mehr verdichtete sie sich. Die Wolke wurde fester, dunkler, ihre Formen schwollen an, wurden zu einer brodelnden, sturmgepeitschten Masse. Ihr unbeschwertes, lichtes Weiß wich einem dunklen Grau, das Bao wie ein Abbild seiner eigenen Traurigkeit erschien.*

Plötzlich zuckten Blitze, gefolgt vom donnernden Schrei des Himmels. Bao wurde es unheimlich. Das Grollen schien ihm wie der Ausdruck einer ungebändigten Wut, das Donnern wie der Zorn einer gigantischen Gewitterwolke auf das Treiben der Welt.

Und plötzlich, als würde sich ihr Innenleben nach draußen bewegen, begann die Wolke zu weinen. Ein Schleier aus feinen Tränen fiel auf die Erde, wusch die Berggipfel und durchnässte Baos dichtes Fell. Konnten Wolken überhaupt traurig sein? Bao jedenfalls erschien der Regen wie die Tränen des Himmels, wie der Ausdruck tiefer Traurigkeit einer Wolke, die ihre eigene Schwere nicht mehr tragen konnte.

In diesem Moment erinnerte er sich wieder daran, dass er auf seiner Suche nach Gelassenheit vor langer Zeit ja schon einmal einer Wolke begegnet war. Sie hatte ihn den Nutzen der Absichtslosigkeit gelehrt. Ob er mal probieren sollte, mit dieser traurigen, wütenden Wolke zu sprechen? Einen Versuch war es wert – auch wenn Bao sich etwas albern vorkam, als er aufstand und zu der Wolke emporrief: »Hallo, große Wolke, hörst du mich? Warum bist du denn so traurig und so wütend?«

Zu seiner Überraschung antwortete die Wolke. Ihre Stimme klang wie ein leises, heiteres Echo, eine Melodie, die vom Wind getragen wurde: »Kleiner Bär, warum glaubst du denn, dass ich traurig und wütend bin? Ich bin Yun, die Fröhliche!«

Bao staunte. »Yun? Die Wolke, die einst meine Lehrerin

war, und mir geholfen hat, gelassener zu werden, hieß auch Yun!«

Yun lachte noch ein wenig lauter, und Blitz und Donner unterstrichen ihr Gelächter. »Ja, Bärchen, das wundert mich gar nicht. Wir Wolken heißen nämlich alle Yun, denn wir alle sind eins, auch wenn wir in unterschiedlichen Formen erscheinen!«

Bao verstand nicht. Es gab doch so viele ganz verschiedene Wolken. Wie konnten sie dann alle eins sein?

Yun schien seine Gedanken zu erraten, denn sie fuhr fort: »Wir alle sind Wasser – wir steigen auf, dann siehst du uns als Wolken, wir setzen uns, dann siehst du uns als Regen, wir dringen in die Tiefe und kommen aus der Erde hervor, dann siehst du uns als Quelle, wir vereinen unsere Formen und du siehst uns als Fluss, wir treffen uns alle und du siehst uns als Ozean. Doch immer sind wir wir selbst.«

Bao staunte. »Dann warst du gar nicht traurig, als du geregnet hast? Und du warst auch nicht zornig, als Blitz und Donner aus dir fuhren?«

»Aber nein, Bärchen«, lachte die Wolke, die mittlerweile wieder ganz hell und leicht aussah. »Ich war sogar sehr heiter. Die Dunkelheit, der Blitz und der Regen waren nur Ausdruck meiner Lebendigkeit, ihrer ständigen Veränderung und ihrer unendlichen Formen.«

»Ach so«, sagte Bao und schämte sich ein wenig. »Dann habe ich die schlechten Gefühle wohl nur in mir gehabt.«

»Gefühle sind weder gut noch schlecht, sie sind einfach da – so wie wir Wolken: Wir erscheinen, bleiben eine Weile und lösen uns dann wieder auf«, antwortete Yun. »Es gibt keine ›bösen‹ Gefühle. Jedes Gefühl will dir etwas sagen. Jedes Gefühl meint es gut mit dir und kann dir verraten, wo-

nach du dich sehnst, wovon du träumst und welchen Weg du einschlagen musst.«

»Ja – ich glaube, das verstehe ich«, sagte Bao bedächtig.

»Wenn du achtsam bist und auf deine Gefühle hörst, kleiner Bär, wird das sehr nützlich für dich sein«, sagte Yun. »Höre ihnen genau zu und spüre ihnen nach: Was wollen sie dir sagen? Nimm sie ernst, aber verwechsle deine Gefühle deshalb nicht mit der Wirklichkeit!«

Eine ganze Weile dachte Bao nach und schwieg. Dann sagte er: »Als ich vorhin traurig war, erschien mir die ganze Welt traurig – deshalb dachte ich wohl auch, dass du weinst. Dabei warst du einfach nur eine dicke Regenwolke. Meinst du das, wenn du sagst, dass ich meine Gefühle nicht mit der Wirklichkeit verwechseln soll?«

»Ja, genau! Die Welt ist, wie sie ist – du betrachtest sie nur durch die Brille deiner Gefühle. Und das ist auch kein Problem. Genieße den Blick durch die Brille – durch die unterschiedlichen Farben der Gläser. Akzeptiere alle deine Gefühle, ohne sie ändern oder vermeiden zu wollen. Lerne, sie zu umarmen und sie als Teil deiner Erfahrung zu akzeptieren. Dann werden deine Gefühle mit Anmut und Frieden fließen. Sie werden dich führen, ohne dass du dich bemühst.«

»Aber was, wenn ich mich dabei nicht wohlfühle?«, fragte Bao.

»Dann ist das eben so. Es ist in Ordnung, sich nicht wohl-

zufühlen«, sprach Yun, und ihre Stimme wurde immer leiser. »Erlaube dir, auch schwierige oder unangenehme Gefühle zu fühlen. Niemand sagt, dass du immer glücklich oder zufrieden sein musst – und das wäre sowieso unmöglich. Beobachte deine Gefühle einfach nur achtsam.«

Bao glaubte zu verstehen, aber etwas in ihm wehrte sich noch gegen Yuns Gedanken. »Na gut. Aber wenn ich traurig bin und die Traurigkeit achtsam beobachte, dann bin ich doch immer noch traurig – und verstärkt sich die Traurigkeit dann nicht sogar noch mehr?«

Yuns Stimme war mittlerweile nur noch ein Flüstern im Wind. »Wenn du achtsam bist, kannst du deine Gefühle bewusst erleben, was nicht heißt, dass du dich von ihnen überwältigen lässt oder dass sie stärker werden – im Gegenteil. Achtsamkeit ermöglicht es dir, deine Gefühle gelassen zu beobachten, ohne dich von ihnen beherrschen zu lassen. Und wenn du ganz wach bleibst, wirst du bald merken, dass Gefühle meistens genauso schnell wieder verschwinden, wie sie gekommen sind.«

Yun entfernte sich, wurde immer durchscheinender und ihre Stimme war jetzt kaum noch zu vernehmen. »Akzeptanz ist der Schlüssel«, flüsterte sie noch. Und die sanfte Brise trug das Abschiedslied der Wolke zu Bao.

*»Gefühle,
strahlen Herzensfarben,
zugelassen, nicht verdrängt,
leuchten in eigener Wahrheit,
Frieden.«*

Bao winkte Yun zu, die vom sanften Wind getragen immer leichter wurde und sich schließlich ganz aufzulösen schien. Erst als der strahlend blaue Himmel erschien und die Sonne Baos Fell trocknete, begriff er, wie sehr Yun ihm geholfen hatte, den Schatz der Achtsamkeit zu entdecken. Ab heute würde er versuchen, all seinen Gefühlen freundlich zu begegnen und sie bedingungslos anzunehmen. Und im Augenblick fiel ihm das sehr leicht, denn in seinem Herzen waren nur Zuversicht und Freude.

Gefühle fühlen

Gefühle sind keine Krankheit. Gefühle sind auch kein Problem. Trotzdem kann es gut sein, dass deine Gefühle dir viele Probleme machen – schließlich sind sie für deine Stimmung und somit nicht zuletzt auch für dein Lebensgefühl verantwortlich.

Es ist natürlich ganz normal, dass wir uns lieber gut als schlecht fühlen. Und es ist auch normal, dass wir unangenehme Gefühle wie Angst, Traurigkeit oder Ärger meist entweder zu verdrängen versuchen oder uns von ihnen überwältigen lassen. Doch eigentlich sind es gar nicht unsere Gefühle, die uns das Leben schwer machen, sondern unsere Art, damit umzugehen. Und hier kommt Achtsamkeit ins Spiel: Sie hilft dir, wenn du deinen Gefühlen auf eine bessere, stressfreiere und heilsamere Weise begegnen willst.

Zunächst einmal sollten wir uns bewusst machen, dass unsere Gefühle wertvoll sind. Gefühle sind im ständigen Wandel – sie sind Ausdruck des Lebens und unserer Lebendigkeit. Leben heißt fühlen. Und auch schwierige Gefühle sind ein Aspekt unserer Lebendigkeit, weshalb es keine gute Idee ist, sie zu unterdrücken.

Jedes Gefühl, das du hast, will dir etwas sagen. Es könnte dir zum Beispiel verraten, wonach du dich sehnst, was du brauchst, um glücklich zu sein, welche Werte dir wichtig sind oder ob es vielleicht Gewohnheiten oder Menschen gibt, die dir schaden.

Natürlich gibt es angenehme und unangenehme Gefühle – doch das ist einfach nur ein Phänomen, das du gelassen wahrnehmen kannst. Es ist nicht hilfreich, wenn du deine Gefühle in »erwünscht« und »unerwünscht« einteilst. Gefühle kommen und gehen wie die Wellen im Ozean. Mal ist das Meer ruhig, mal gibt es Strömungen, manchmal kann man hohe Wellen und zuweilen auch Stürme erleben. So ist das eben – kein Problem.

Ein Satz, der in Achtsamkeitskreisen oft zitiert wird, lautet: *»Du kannst zwar die Wellen nicht aufhalten, doch du kannst lernen zu surfen.«*

Das gilt sogar dann, wenn es gewaltige Wellen sind, nur musst du dann eben schon viele Male auf deinem Surfbrett gestanden haben. Achtsamkeit im Umgang mit deinen Gefühlen erfordert ebenfalls etwas Übung – aber im Vergleich zum Wellenreiten ist es ein Klacks. Um deinen Emotionen und Stimmungen achtsamer und gelassener begegnen zu können, genügt es schon, zwei einfache Empfehlungen zu beachten:

1. **LAUF NICHT WEG!** Versuche nicht, unangenehme Gefühle zu verdrängen, indem du dich mit Alkohol, Drogen oder Medikamenten betäubst oder dich durch mediale Unterhaltung in Form von Internet, Filmen und Serien oder Social Media abzulenken versuchst. Langfristig entkommst du deinen Emotionen nicht, und das ist auch ganz gut so, da gerade unangenehme Gefühle oft sehr wichtige Botschaften für dich haben.
2. **VERSTRICKE DICH NICHT!** Vor Gefühlen wegzulaufen, ist nicht weise. Sich von seinen Emotionen fortreißen und überwältigen zu lassen, ist aber auch nicht besser. Achtsamkeit lehrt dich, dich deinen Gefühlen und Stimmungen zuzuwenden, ohne in das Drama einzusteigen, das entsteht, wenn du anfängst, dich selbst mit deinen Gefühlen zu verwechseln. Wenn du Achtsamkeit übst, wirst du erkennen, dass du zwar Gedanken und Gefühle hast, dass du aber nicht deine Gedanken und Gefühle bist.

Schöne Gefühle wie Freude, Dankbarkeit oder Liebe bereiten dir sicher keine Probleme. Du solltest jedoch auch diesen angenehmen Gefühlen Achtsamkeit entgegenbringen – einfach, indem du sie genauer beobachtest und darauf achtest, wie sich diese Gefühle auf deine Gedanken und deinen Körper auswirken. Was aber kannst du machen, wenn du mit unangenehmen Gefühlen wie Wut, Angst, Traurigkeit, Scham oder Einsamkeit zu kämpfen hast? Auch hier ist es wichtig, genau hinzusehen – vielleicht sogar besonders wichtig. Die folgende Meditation kann dir helfen, dich deinen Gefühlen achtsam zuzuwenden und dabei innerlich ruhig und gelassen zu bleiben.

Schwierigen Gefühlen achtsam begegnen

In Phasen, in denen dir schwierige Gefühle große Probleme bereiten, solltest du dir regelmäßig Zeit für folgende Meditation nehmen:

- Setze oder lege dich bequem hin und schließ die Augen. Lenk deinen Fokus zunächst auf deinen Atem. Atme ruhig und tief ein und aus. Nimm dir etwas Zeit, dich im Moment zu verankern.

- Richte deine Achtsamkeit jetzt auf deine Gefühle. Gibt es ein bestimmtes, belastendes Gefühl, dass du im Augenblick erkennen kannst? Versuche, ein Wort zu finden, dass das Gefühl gut beschreibt – zum Beispiel »Ärger« oder »Nervosität«. Formuliere klar einen Satz, der die Tatsache, dass im Moment dieses Gefühl vorherrscht, aussagt – aber nimm das »Ich« aus dem Satz. Sage beispielsweise nicht: »Ich bin traurig« oder »Ich ärgere mich«, sondern »Da ist Traurigkeit« oder »Da ist Ärger«. Auf diese Weise gewinnst du ein wenig Abstand.

- Wenn du das unangenehme Gefühl nicht deutlich fassen kannst, dann benenne es einfach mit »unangenehm«: »Da ist ein unangenehmes Gefühl.«

- Akzeptiere das Gefühl, dass du im Augenblick beobachten kannst, bedingungslos. Versuche, ohne Urteil oder Selbstkritik zu beobachten, welche Emotionen gerade in dir präsent sind. Bedenke, dass es völlig normal ist, die unterschiedlichsten Gefühle und Emotionen zu empfinden.

- Geh dann noch einen Schritt weiter: Richte deine Aufmerksamkeit auf deinen Körper und deinen Atem. Beobachte, wie sich das Gefühl auf Körper und Atem auswirkt. Achte auf Bereiche, in denen du möglicherweise Anspannungen, Schwere, Enge oder Schmerzen empfindest. Und achte auch auf den Atem. Beobachte, ob er sich verändert, ob er schneller oder flacher, langsamer oder unregelmäßiger wird.

- Verurteile weder das Gefühl noch deine Körperempfindungen. Bleib einfach dabei, zu beobachten – entspannt und gelassen und vielleicht sogar mit einem Lächeln.

- Gefühle sind kurzlebige Phänomene. Sie verschwinden oft so schnell, wie sie gekommen sind. Achte darauf, ob du beobachten kannst, wann das Gefühl auftritt, wie stark es ist und wann es sich wieder auflöst.

- Um die Übung zu beenden, kannst du einige Male tief durchatmen und dann die Augen öffnen.

Du kannst diese Übung jederzeit wiederholen, um deine Achtsamkeit für deine Gefühle zu stärken.

Bao blickte vom Gipfel aus auf ein liebliches, grünes Tal, durch das sich viele Bächlein zogen und in dem eine Unzahl kleiner Tümpel in der Sonne glänzten. Vorsichtig und achtsam machte er sich an den Abstieg. Das Klettern war anstrengend. Bald schon musste er eine Pause einlegen und setzte sich auf eine Wiese. »Na gut!«, dachte Bao. »Dann sollte ich am besten gleich wieder etwas für meine Bambusblattbibliothek aufschreiben.« Er lächelte und schrieb auf ein neues Blatt:

Aus Baos Bambusblattbibliothek

Gefühle sind wichtig. Sie sind Teil deiner Lebendigkeit, und sie wollen dir etwas sagen. Höre ihnen gut zu. Begegne ihnen mit Verständnis und Mitgefühl und übe dich darin, auch schwierige Gefühle zu umarmen.

Gefühle sind wie der Wind: Du kannst ihre Richtung nicht ändern – versuche lieber gar nicht erst, sie zu kontrollieren. Lerne stattdessen, mit dem Wind zu segeln und die Segel deines Lebensbootes richtig zu setzen.

Wahre Freiheit beginnt, wenn du aufhörst, deine Gefühle zu bewerten und zu verurteilen. Freiheit und Offenheit entfalten sich ganz von selbst, wenn du beginnst, deine Gefühle achtsam zu erleben.

Achtsamkeit ist wie ein ruhiger See, der alle Emotionen spiegelt, ohne von ihnen gestört zu werden.

Das Lachen des Regens

Voller Neugier und mit einer unstillbaren Sehnsucht im Herzen kletterte Bao, der kleine Panda, vom ehrwürdigen Gipfel des Berges herab. Yun, die weise Wolke, hatte ihm viele spannende Dinge erzählt, über die er wohl noch eine ganze Weile würde nachdenken müssen. Fürs Erste hatte Bao sich jedoch vorgenommen, Yuns Rat zu beherzigen und mehr auf seine Gefühle zu achten. Und im Augenblick sagte ihm sein Gefühl, dass er vertrauen durfte. Er durfte darauf vertrauen, dass ihm zur rechten Zeit die richtigen Lehrerinnen und Lehrer begegnen würden, um ihn in die Geheimnisse der Achtsamkeit einzuweihen. Er durfte darauf vertrauen, dass das Leben es gut mit ihm meinte und er sein Ziel erreichen würde.

Auf Baos Weg ins Tal fanden seine Pfoten ein neues Muster auf dem moosigen Boden, seine Nase nahm die frischen Düfte der Natur auf und seine Ohren horchten auf das stetige Plätschern der vielen Bächlein, die das grüne Tal durchzogen.

Umgeben von saftigen, grünen Wiesen, Tausenden Farbtupfern der Wildblumen und der sanften Melodie des Wassers fühlte sich Bao wie in einem märchenhaften Traum. Das Märchen endete jedoch abrupt, als er auf unerfreuliche Hindernisse traf. So leicht, wie es von oben ausgesehen hatte, war es nicht, das Tal zu durchqueren. An vielen Stellen war es so sumpfig, dass Bao kaum noch vorankam. Und jetzt fing es auch noch an, heftig zu regnen. Frustriert setzte er sich ans Ufer eines Bächleins, wusch seine schlammbedeckten Pfoten und versuchte, wieder Frieden in seinen Geist einkehren zu lassen.

Da sprang zu Baos Schrecken ein knallgrüner Frosch aus dem Wasser an seine Seite und grinste ihn mit seinem breiten Froschmaul an.

»Hähä – du bist ja ein lustiges Tier, so etwas habe ich ja noch nie in unserem Tal gesehen! Du siehst irgendwie komisch und ulkig aus. Aber irgendwie auch etwas genervt … Stimmt was nicht mit dir? Aber vielleicht sollte ich mich erst einmal vorstellen: Ich bin Rama.«

Bao fühlte sich gleich ein wenig besser und lächelte dem Frosch zu. »Hallo, Rama! So einen hübschen leuchtend grünen Frosch wie dich habe ich noch nie gesehen. Ich heiße Bao. Ich bin ein Pandabär, und du bist nicht der Einzige, der findet, dass Pandas ziemlich ulkig aussehen. Aber weißt du was? Was andere über mein Aussehen denken, darüber zerbreche ich mir schon lange nicht mehr den Kopf.« Bao musterte Rama von oben bis unten und blinzelte ihn verschmitzt an: »Und du ja hoffentlich auch nicht, oder?«

»Hähä. Nein, natürlich nicht. Als Frosch hätte man es sonst wohl auch ganz schön schwer. ›Hübsch‹ finden uns die wenigsten. Jedenfalls freut's mich sehr, dich kennenzulernen, Bao«, quakte Rama. »Und vielleicht kann ich dir ja behilflich sein, denn du siehst immer noch etwas gereizt aus.«

Bao ließ den Kopf sinken. »Ach, weißt du, für einen Panda ist es nicht gerade leicht, diesen Sumpf zu durchqueren. Nachdem ich zum dritten Mal fast im Moor stecken geblieben bin und es dann auch noch angefangen hat, in Strömen zu regnen, hat mich der Mut und meine gute Laune verlassen. Aber langsam fasse ich mich schon wieder. Wer den

Schatz der Achtsamkeit sucht, der darf eben nicht so schnell die Geduld verlieren.«

Rama lächelte: »Den Schatz der Achtsamkeit suchst du? Dann hast du allerdings recht – die Geduld zu bewahren, ist dabei das Wichtigste. Und genauso wichtig ist es, zu lernen, wie du Widerstände loslassen und zur Gelassenheit zurückkehren kannst.«

Bao hob den Kopf und sah Rama erwartungsvoll an.

»Dich stört der Regen«, sagte der Frosch, »aber hörst du auch, wie er lacht?«

Bao schüttelte den Kopf. »Nein, das Lachen des Regens habe ich nicht gehört. Aber jetzt, wo du es sagst…« Er lauschte eine Weile, und ein Lächeln trat auf sein Gesicht. »Ja, vielleicht kann ich es tatsächlich hören.«

Rama grinste breit, und Bao fuhr fort: »Wie wichtig Gelassenheit ist, habe ich eigentlich schon auf meiner ersten Reise erfahren, als ich das Geheimnis der Gelassenheit entdeckt habe …«, und Bao erzählte Rama von seinen Abenteuern als junger Panda.

Rama saß geduldig am Ufer des Tümpels und hörte Bao aufmerksam zu. Als Bao zu Ende erzählt hatte, schwieg er für ein Weilchen. Dann wandte er sich dem Frosch noch einmal freundlich zu: »Rama, du hast vorhin erwähnt, dass ich lernen muss, meine Widerstände loszulassen, um zu wahrer Achtsamkeit zu finden. Das hat mir noch nie jemand gesagt, aber ich spüre, dass eine tiefe Weisheit darin liegt. Es

wäre mir eine große Ehre, wenn du mein nächster Lehrer sein könntest!«

Rama hüpfte ganz nah an Baos Seite und grinste sein breitmauliges Froschgrinsen. »Hähä – Rama, der Pandalehrer ... na, das ist ja mal etwas anderes. Aber wenn du willst, kann ich dir wirklich ein paar Froschweisheiten verraten, die dir vielleicht weiterhelfen. Mal sehen ... Okay. Erste Weisheit: Beachte, wie das Wasser immer den leichtesten Weg findet, um zu fließen. Es widersteht nicht, es passt sich an. So solltest auch du, anstatt zu kämpfen, deine Umstände akzeptieren und dich ihnen anpassen.«

Bao nickte, und Rama fuhr fort: »Die größte Stärke liegt im Loslassen. Indem du den Widerstand aufgibst, öffnest du das Tor zur inneren Freiheit.«

Bao lauschte aufmerksam. Das, was Rama sagte, ergab Sinn. Er erinnerte sich an die Momente, als er ungeduldig gewesen war, und wie unangenehm sich das angefühlt hatte. Tatsächlich – Ungeduld, Ärger, Verzweiflung: Sie alle waren eine Form von Widerstand gegen das, was gerade geschah oder was zu tun war. Und immer, wenn er den Widerstand aufgegeben hatte, hatte sich etwas in ihm gelöst – selbst dann, wenn er nicht etwa aus Einsicht losgelassen, sondern lediglich frustriert resigniert hatte. Dass ihm das noch nie aufgefallen war ... Er hatte wohl doch noch ganz schön viel zu lernen. Vielleicht konnte ihn dieser kleine Frosch ja wirklich weiterbringen.

»Rama«, sagte er, »du hast vollkommen recht. Aber kannst du mir auch verraten, wie es möglich sein soll, gar nicht erst Widerstände zu entwickeln?«

»Hähä. Na klar«, quakte der Frosch. »Zunächst einmal rate ich dir, auf keinen Fall Widerstand gegen Widerstände

aufzubauen. Manchmal sind die Dinge eben nicht so, wie wir sie gern hätten – das passt uns dann nicht, und darum entsteht Widerstand. Das ist völlig normal und macht nichts. Verurteile deine Widerstände nicht. Wenn du merkst, dass dir etwas gegen den Strich geht, dann akzeptiere, dass es nun einmal so ist. Übe dich in der Kunst, nicht zu verurteilen und nicht zu bewerten. Nicht-Werten ist der Schlüssel zur inneren Ruhe. Lass deine Erwartungen los und akzeptiere das, was ist, ohne es zu beurteilen.«

Bao fühlte sich mit einem Mal ganz leicht und frei. Ja, wie recht Rama doch hatte. Wenn er es sich genau überlegte, war es eigentlich immer sein Bewerten, das dem Widerstand vorausging. Erst heute hatte er das ja wieder erlebt: Als er vorhin durch den Sumpf gestapft war, hatte er gedacht: »Oh je – das ist ja übel. So ein ekliger Sumpf!« Schließlich hatte er die Nerven verloren und sich geärgert. Später – als er sich resigniert ans Ufer des Bächleins gesetzt hatte –, war der Widerstand fast verschwunden. Er hatte sich bedächtig die Pfoten gewaschen – und dann war auch schon Rama aufgetaucht.

»Achtsamkeit«, fuhr Rama fort, »öffnet dir das Tor zum gegenwärtigen Moment. Nur in der Stille des Seins findest du Klarheit und Gelassenheit. Wenn du Raum für Veränderung und Wachstum schaffen willst, lieber Bao, dann solltest du jeden Widerstand aufgeben, denn so wirst du flexibel wie ein Bambus im Wind.«

»Oh ja!«, rief Bao. »Mit Bambus kenne ich mich aus. Das ist meine Lieblingsspeise.« Dann blickte er etwas beschämt zu Boden. »Aber du hast recht. Bambus ist wirklich sehr flexibel. Selbst der stärkste Wind kann ihn nicht brechen. Eigentlich weiß ich das ja alles. Aber dass ich mir nie bewusst

gemacht habe, welche ungeheure Stärke in seiner Biegsamkeit liegt, ist ganz schön dumm von mir …«

»Ach was, Bao«, sagte der Frosch sanft. »›Dumm‹ ist auch nur eine Bewertung – nur ein Wort, mit dem wir andere oder uns selbst abstempeln. Lerne, dich selbst zu beobachten, ohne zu urteilen. Immer wenn du dich selbst verurteilst oder abwertest, führt das nur zu völlig unnötigen Widerständen. Die wahre Kraft liegt im Hier und Jetzt – in deiner Fähigkeit, das Sein zuzulassen und im Mut, dich selbst so sein zu lassen, wie du bist. Lass den Widerstand los, und du wirst überall Freude und Glück finden, sogar in den kleinen, unscheinbaren Dingen.«

Bao lauschte aufmerksam den Weisheiten des Frosches und versuchte, sie in seinem Herzen zu verankern. Er verstand, wie wichtig es war, für alles offen zu bleiben und nicht zu urteilen – doch eine Frage ging ihm nicht aus dem Kopf: »Meinst du, dass es immer schlecht ist, etwas zu bewerten?«, fragte er leise.

»Na ja, du wirst wohl mitunter die Folgen deiner Handlungen ganz automatisch bewerten«, antwortete Rama. »Und das ist nicht unbedingt schlecht, denn so kannst du vermeiden, die gleichen Fehler immer wieder zu machen, und kluge Entscheidungen treffen. Noch besser aber ist es, von Anfang an dein Herz entscheiden zu lassen. Folge der Natur deines Herzens. Sieh, wie der Wind die Bäume bewegt, wie die Bienen die Blumen bestäuben. Sie sind einfach *nur. Erlaube auch dir selbst, einfach zu sein, ohne jeden deiner Schritte zu bewerten.«*

Bao nickte. »Ich verstehe. Aber kann mein Herz nicht auch irren?«

»Oh nein – dein Herz kennt den Weg zum Glück seit Anbeginn der Zeit. Es irrt sich nie. Nur du kannst in die Irre gehen. Und das wirst du auch, solange du dein Herz in der Dunkelheit gefangen hältst, solange du taub für seine Stimme und blind für seine Botschaften bist. Damit dein Herz dich sicher leiten kann, musst du mit den inneren Augen sehen und mit den inneren Ohren hören. Und genau das tust du, wenn du achtsam bist – wenn du wieder beginnst, genau hinzusehen und hinzuhören, ganz ohne Widerstand. Gib das Festhalten auf. Lass los – so wie der Fluss, der seine Wellen an das Ufer wirft und sie wieder zurückholt, der nichts festhält, sondern mit dem Leben fließt.«

Bao schwieg lange. Er musste über die Worte Ramas nachdenken. Langsam dämmerte ihm, dass die Botschaft dieses kleinen Frosches wie ein Wegweiser war, der ihm den Weg zum Schatz der Achtsamkeit wies. Nur zweifelte er daran, dass er selbst weise genug war, der Weisheit Ramas zu folgen. Als er Rama das sagte, lachte das Fröschlein, doch es war ein herzliches, mitfühlendes Lachen, das Bao einlud, mit ihm zu lachen. »Hab Mitgefühl mit dir!«, sagte Baos kleiner Lehrer. »Du bist ein Teil dieser wundervollen Welt. Akzeptiere deine Unvollkommenheiten, deinen Schmerz, deine Freude. Liebe dich selbst, so wie du bist.«

Lange saß Bao am Bachufer – ließ die Stille des Tals und die Worte Ramas auf sich wirken. Er fühlte, wie er sich immer mehr entspannte, wie der Widerstand in ihm nachließ, wie seine Gedanken klarer wurden und wie er ganz in den gegenwärtigen Moment eintauchte.

»Und nun, mein lieber Bao«, unterbrach Rama seine Versenkung, »nun wird es Zeit, dass du dich weiter auf die Suche nach deinem wundervollen Ziel machst. Aber zum Abschied habe ich noch ein kleines Lied für dich:

Loslassen,
Widerstand schwindet,
und Achtsamkeit erwacht.
Nicht-Werten bringt Leichtigkeit,
Herzenslicht.«

Widerstand zwecklos

Als ob unser Leben nicht schon schwer genug wäre, führen innere Widerstände dazu, dass es noch um ein Vielfaches belastender wird. Tatsächlich geht der größte Teil der Belastungen, die wir täglich empfinden, auf das Konto unseres inneren Widerstands, und es wäre klug, dieses Konto so schnell wie möglich aufzulösen.

Hast du schon einmal versucht, einem Kind, das, sagen wir vier oder fünf Jahre alt ist, Gummistiefel anzuziehen, die es partout nicht anziehen will? Dann weißt du, wie sich Widerstand auswirkt – in diesem Fall führt sie zu endlosem Geschrei, und am Ende sind alle gestresst – die Eltern und das Kind sowieso. Aber es hilft ja nichts: Draußen regnet's in Strömen, die Straße hat sich in einen kleinen Fluss verwandelt und die Gummistiefel müssen nun mal an die Füßchen.

Auch wenn wir für gewöhnlich auf Geschrei verzichten und auch nicht zu strampeln beginnen: Jeder Widerstand, den wir in unserem Geist erzeugen, verursacht Stress. Wenn du die Dinge in deinem Alltag nicht geregelt kriegst, weil du »keine Lust« hast und dich gegen das, was zu tun ist, sträubst, ist das eine Form von innerem Widerstand. Wenn du deine Träume nicht verwirklichst und dein Potenzial nicht nutzt, weil du glaubst, dass es »zu schwer« für dich ist, oder du an dir selbst zweifelst, hängt auch das mit inneren Widerständen zusammen. Du wirst dich in deiner Haut nie wirklich wohlfühlen können, solange du innerlich angespannt bist – und Widerstand ist nichts anderes als Anspannung, eine Art »Stau« – der Punkt, an dem der natürliche Fluss behindert wird.

Es gibt zwei Formen von Widerstand, die uns unsere Leichtigkeit rauben:

1. **DER WIDERSTAND GEGEN DAS, WAS ZU TUN IST**
   Immer dann, wenn etwas sowieso getan oder erledigt werden muss, verschwendest du mit Vermeidungsstrategien nur einen Haufen Energie. Natürlich kannst du Aufgaben aufschieben oder eine Weile

wegschauen, aber besser und leichter wirst du dich fühlen, wenn du nicht erst lange nachdenkst, sondern einfach tust, was als Nächstes zu tun ist. Just do it! Den Widerstand erzeugst du nur in deinem Kopf, in deiner Vorstellung, die dann schlechte Laune, Angst oder Gefühle von Überforderung bewirkt. Sobald du aber einfach loslegst, hört die Vorstellung auf, denn dann bist du wieder in der Wirklichkeit. Und meist sind die Dinge im Tun viel einfacher als in deinem Kopf. Achtsames Handeln ist der effektivste Weg, um innere Widerstände aufzulösen.

2. **DER WIDERSTAND GEGEN DAS, WAS IST** Widerstand heißt, dass du innerlich Nein sagst. Da ist etwas, was du nicht willst oder so nicht willst. Wenn du so wie Bao im Moor feststeckst, was unwahrscheinlich ist, oder es in Strömen regnet, was schon viel leichter einmal passieren kann, dann ist es gut möglich, dass du ganz automatisch mit Abneigung und Abwehr reagierst. Innere Widerstände zeigen sich zum Beispiel in Form von Ärger, Verzweiflung oder Ungeduld – auf jeden Fall aber in Zuständen, die nicht angenehm sind.

So wie der innere Widerstand gegen das, was zu tun ist, am besten durch achtsames Handeln aufgelöst wird, lässt sich der innere Widerstand gegen das, was dir im Leben aufstößt, am besten durch achtsames Erleben loslassen.

Was heißt »achtsames Erleben«? Es heißt, dass du einfach nur wach und neugierig beobachtest, was von Moment zu Moment geschieht – gelassen und ohne zu werten: Es regnet, der Zug hat Verspätung, es zwickt dich im Rücken, deine Kollegin hat schlechte Laune … Was auch immer passiert, du bleibst cool und lässt es zu: kein Widerstand, kein Stress. Wenn du nämlich achtsam bleibst, wirst du nicht mehr von automatischen Reaktionen beherrscht.

Gelassenheit und innere Ruhe kannst du nur entwickeln, wenn du lernst, innere Widerstände loszulassen – oder besser gesagt: wenn du es regelmäßig übst. Und nur, wenn du die Fähigkeit entwickelst, das Sein zuzulassen, kannst du auch wirklich achtsam sein.

Zum Sein gehört allerdings auch, dass du eben manchmal nicht loslassen kannst, sondern dich ärgerst, die Nerven verlierst, wütend oder ängstlich bist. Und dann ist das eben auch ein Teil des Seins. Fang bloß nicht an, Widerstände gegen Widerstände aufzubauen. Aus Sicht der Achtsamkeit geht es ohnehin nur um eine Sache: darum, dass du *die Augen öffnest und siehst*! Das einzig Wichtige ist die Bereitschaft, deine inneren Widerstände zu erkennen und ihnen achtsam zu begegnen. Und dies ist auch die einzige Möglichkeit, dich von ihnen zu befreien – doch darum musst du dich gar nicht kümmern, denn das wird dann nach und nach ganz von selbst passieren.

Kämpfen durch Sein ersetzen

- Beobachte dich in nächster Zeit sehr genau. Versuche vor allem, Situationen zu erkennen, in denen dir etwas gegen den Strich geht. Wenn du innere Widerstände erkennst, weil du es zum Beispiel mit einer unangenehmen Aufgabe zu tun hast, dich über etwas ärgerst oder verzweifelt bist und dich ohnmächtig fühlst, dann halte einen Augenblick inne. Tue nichts. Atme nur tief ein, halte den Atem kurz an und atme danach langsam durch den Mund aus.

- Formuliere innerlich, wogegen sich deine Abneigung richtet – worum geht es hier gerade?

- Atme dann noch einmal tief durch und verlagere die Aufmerksamkeit jetzt von deinen Gedanken auf das Sein im Hier und Jetzt. Was kannst du im Augenblick in deinem Körper wahrnehmen? Spüre deine Füße, das Gewicht deines Körpers, die Haltung, den Lufthauch in deinem Gesicht …

- Mach dir bewusst, dass innere Widerstände nur kleine, vorübergehende Staus sind, und lass dich dann wieder auf den Fluss des Lebens ein, indem du dich deiner Umwelt oder Tätigkeit wieder zuwendest.

Als Rama geendet hatte, zwinkerte er Bao noch einmal zu, sprang mit einem gewaltigen Satz in den Tümpel und verschwand. Bao blickte seinem Freund hinterher, beobachtete die Wellen, die der Frosch bei seinem Eintauchen erzeugt hatte, und lauschte dem Klang des Tales.

Bao wusste nun, dass er den Sumpf des Widerstands überwinden konnte, wenn er nur die Weisheiten des Frosches befolgen würde. Mit neu gewonnener Zuversicht setzte er seine Reise fort, fest entschlossen, den Schatz der Achtsamkeit zu finden und inneren Frieden zu erlangen.

Bevor sich Bao aber wieder auf den Weg machte, setzte er sich noch einmal hin, erinnerte sich an die Worte Ramas und schrieb, wie es seine Gewohnheit war, ein paar Worte auf ein neues Blatt für seine Bambusblattbibliothek:

Aus Baos Bambusblattbibliothek

Widerstand erzeugt Reibung. Widerstand erzeugt Anspannung. Indem du deine Widerstände loslässt, hörst du auf zu kämpfen und entdeckst, dass dein Leben leicht sein darf.

Hör auf, das, was ist, zu bewerten. Hör auf, das Sein zu verurteilen, und du hast den Schlüssel zur Freiheit gefunden.

Du musst nicht recht haben. Du musst nur verstanden werden und verstehen.

Niemals wird es dir gelingen, die Welt deinem Willen anzupassen. Kampf ist kein Zeichen von Stärke. Stärke liegt vielmehr in deiner Bereitschaft, deine inneren Widerstände zu erkennen, ihnen achtsam zu begegnen und dich von ihnen zu befreien.

Die Sterne des Waldes

Bao brauchte eine ganze Weile, bis er das Tal durchquert hatte. So schön es auch anzusehen war – der Weg durch den Sumpf und die schlammigen Tümpel war gefährlich und anstrengend. Doch Bao ließ sich Zeit. Er setzte seine Schritte achtsam, und so konnte er alle Hindernisse unbeschadet überwinden. Der Abend brach schon an, und die Sonne schickte ihre letzten Strahlen über die Berge. Ein alter, dunkler Wald lag vor Bao. Er beschloss, die Nacht am Waldrand zu verbringen. Eine Ruhepause würde ihm sicher nicht schaden, denn er musste noch gründlich über all das, was er bisher auf seiner Reise gelernt hatte, nachdenken. Die Worte Ramas, des Frosches, klangen in seinem Herzen nach. »Hab Mitgefühl mit dir! Liebe dich selbst, so wie du bist«, hatte er gesagt.

Liebte er sich denn selbst? Bao horchte in sich hinein und lächelte. Doch, ja – sicher gab es noch einiges an ihm, das er nicht gerade liebte, doch im Großen und Ganzen konnte er sich ziemlich gut leiden.

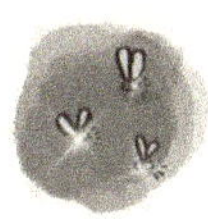

Die Nacht senkte sich über das Grün des alten Waldes und tauchte die Landschaft in ein undurchdringliches Dunkel. Mit einem frischen, leckeren Bambuszweig zwischen den Pfoten lehnte der junge Panda an der Wurzel eines gigantischen Ahornbaumes. Die Geräusche der Nacht – das Zirpen der Grillen, das Rascheln der Blätter – waren nicht einfach nur Geräusche; das wusste Bao inzwischen nur zu gut. Sie waren eine der unendlich vielen Sinfonien des Waldes. Acht-

sam lauschend tauchte er tief in die Harmonien der vielstimmigen Sinfonie ein, ohne sich selbst dabei zu verlieren.

Und dann begann etwas Wunderbares, etwas, das Bao noch nie gesehen hatte: Wie auf ein geheimes Zeichen hin begannen überall kleine Lichtlein aufzuflackern. Was konnte das wohl sein? Zahllose kleine Sternchen tanzten durch die Dunkelheit – mal hell, mal gedämpft, doch immer bezaubernd und voller Geheimnisse. Es war ein Schauspiel, das Bao faszinierte, ein Spiel aus Licht und Dunkelheit, das den Wald in eine geheimnisvolle, magische Welt verwandelte.

Plötzlich hörte Bao ein sanftes Summen, eine Melodie, so fein und zart wie der Hauch des Windes. »Oh – wer bist denn du?«, zirpte es mit einer Stimme, die klang, als bestünde sie aus reinem Licht. »Ich bin Lililai, eine Prinzessin der Glühwürmchen.«

»Hallo, Lililai«, staunte Bao. »Ich habe noch nie ein Glühwürmchen gesehen. Ich habe zwar mal von euch gehört, aber ich dachte, ihr seid nur eine Legende! Ich bin Bao, der Panda.«

Lililai lachte ein glitzernd helles Lachen. »Ich habe auch noch nie einen Panda gesehen! Du siehst lustig aus! Und was machst du hier – mitten in der Nacht in unserem Wald?«

»Ich ruh mich ein wenig von meiner Wanderung aus. Ich werde meinen Bambuszweig noch aufessen und mich dann erst einmal richtig ausschlafen, bevor ich mich weiter auf die Suche nach dem Schatz der Achtsamkeit mache«, antwortete Bao.

»Soso – die Geheimnisse der Achtsamkeit möchtest du ergründen? Na, da hast du dir ja einiges vorgenommen. Aber wenn du möchtest, könnte ich dir dazu vielleicht ein kleines Geheimnis verraten«, kicherte Lililai.

»Wirklich? Das wäre ja wunderbar!«, rief Bao. »So eine hübsche Lehrerin zu haben, die wie ein Stern in der Nacht leuchtet, wäre mir eine große Freude – das ist wirklich etwas Besonderes.«

»Oh – vielen Dank für das Kompliment. Aber mit einem Stern solltest du mich lieber nicht vergleichen«, lachte Lililai. »Sterne können Milliarden Jahre lang leuchten, aber unser Licht strahlt nur für einen ganz, ganz kurzen Augenblick. Wenn wir leuchten, ist das flüchtig und vergänglich.«

»Ach – das ist aber schade«, seufzte Bao.

»Aber nein«, antwortete das Glühwürmchen, »in unserer Vergänglichkeit liegt ja gerade unsere Schönheit. Es ist die Flüchtigkeit unseres Erscheinens, die unser Erscheinen so kostbar macht. Und das gilt für alles im Leben. Jeder Augenblick, jeder Atemzug ist einzigartig und wird nie wiederkehren. Die Kunst der Achtsamkeit besteht darin, jeden dieser Augenblicke voll und ganz zu leben, bevor sie vergehen.«

»Oh«, sagte Bao nur.

»Wenn du wirklich achtsam bist, wirst du jeden Moment in seiner ganzen Tiefe erfahren. Vielleicht kommt dir unser leuchtender Tanz durch die Nacht wie ein sehr besonderer Augenblick vor. Aber tatsächlich ist jeder Moment deines Lebens sehr besonders – er vergeht schnell und kommt nie wieder.«

Ja, das wusste Bao. Doch als die Glühwürmchenprinzessin es sagte, hatte er das Gefühl, es zum ersten Mal wirklich zu verstehen.

»Es ist wichtig, Bao«, sagte Lililai, »dass du nie vergisst, die Vergänglichkeit zu schätzen. Es ist die Vergänglichkeit, die jedem Moment seinen Wert verleiht.«

Bao war verwirrt. Das ging über seinen Horizont hinaus.

Wie konnte Vergänglichkeit wertvoll sein? Als er das Lililai fragte, lachte sie wieder fröhlich, und ihr Licht blinkte strahlend hell in der Dunkelheit. »Ein Glühwürmchen, das immer leuchten würde, würde seine Magie verlieren, Bao. So ist es auch mit dem Leben. Nur wenn uns bewusst wird, wie vergänglich und zerbrechlich jeder Augenblick ist, können wir ihn schätzen und in seiner ganzen Fülle genießen. Vergiss nie, kleiner Bao: Unser Leben ist lang und reich an einmaligen Augenblicken – aber für alle, die sich dem Wunder des Jetzt verschließen, ist es leider arm und kurz.«

Und plötzlich waren alle blinkenden Lichter verschwunden. Bao starrte in die Dunkelheit. »Lililai?«, rief er leise. In der Ferne, tief im Wald, begannen die Lichtlein noch einmal zu blinken. Sehnsuchtsvoll beobachtete Bao ihren Tanz. Ganz leise klang von dort noch die Stimme der Glühwürmchenprinzessin:

»Jetzt,
einzigartig, vergänglich,
leuchtet, dann erlischt,
erlebt mit voller Achtsamkeit –
Leben.«

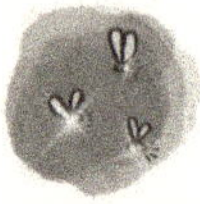

Eingehüllt in die wohlige Dunkelheit des Waldes, saß Bao noch lange an der Wurzel des Ahornbaumes. Bevor er sich zum Schlafen hinlegte, dachte er über die Begegnung mit dem Glühwürmchen nach. So kurz sie auch gewesen war – Lili-

lais Worte hatten ihn sehr berührt und hallten noch lange in ihm nach. Zwar verstand er ihren Sinn noch nicht ganz, aber er hatte das Gefühl, dass er sie noch verstehen würde, wenn die Zeit reif wäre. Bao spürte, dass Lililais Lehre für seine Suche nach dem Schatz der Achtsamkeit sehr wichtig gewesen war. Ein tiefer innerer Frieden kehrte in ihn ein, bevor er einschlief und süße, wilde Träume voller Licht träumte.

Vom Glück der Vergänglichkeit

Alles vergeht. Jeder Augenblick, jede Jahreszeit, jedes Leben endet und selbst die Sterne leuchten nicht bis in alle Ewigkeit – geschweige denn Glühwürmchen. Die Unbeständigkeit oder Vergänglichkeit alles Seienden wird in Pali »Anicca« genannt. Anicca ist ein elementares Naturgesetz und zugleich eine der wesentlichen Lehren des Buddhismus. Vermutlich ist das mit ein Grund dafür, warum der Buddhismus vielen Menschen nicht so ganz geheuer ist. Schließlich neigen wir alle dazu, vor unerfreulichen Tatsachen die Augen zu verschließen – auch wenn die Tatsache der Vergänglichkeit eigentlich nur auf den ersten Blick unerfreulich ist.

Dass alles im Wandel ist, dass Planeten und Sterne vergänglich sind und auch wir selbst nicht ewig leben werden, ist nicht schwer zu verstehen. Doch wir haben wenig Lust, uns das auch einmal wirklich bewusst zu machen. Vor allem in den schönen Momenten unseres Lebens möchten wir von der Vergänglichkeit lieber nichts wissen, sondern den kostbaren Augenblick festhalten. Doch genau hier liegt die Quelle für unser Unglück.

Wenn du versuchst, an etwas festzuhalten, was vergänglich ist, wird das zu Unzufriedenheit, Traurigkeit oder Verzweiflung führen. Die einzige Lösung, die wirklich zu einer tiefgehenden Befreiung führt, ist Loslassen. Und um nichts anderes geht es in Buddhas Lehre von der Unbeständigkeit. Denn er sagte ja nicht etwa: »Alles ist veränderlich, alles vergeht, selbst die schönsten Momente – ist das nicht furchtbar?« Vielmehr betonte Buddha, dass Leiden nicht etwa dadurch entsteht, dass unser Leben in ständigem Fluss ist, sondern ausschließlich dadurch, dass wir festhalten, da uns der Mut fehlt, loszulassen und zu vertrauen.

Die Dinge erscheinen und lösen sich wieder auf – ein ewiger Kreislauf, an dem wir nichts ändern können und auch nichts ändern müssen. Die Kunst der Achtsamkeit besteht einfach nur darin, dieses Kommen und Gehen friedvoll und gelassen wahrzunehmen. Wann immer dir die Vergänglichkeit in deinem Leben Schwierigkeiten bereitet, solltest du dir klarmachen, dass es genau diese Vergänglichkeit ist, die dich dazu ermutigt, dich auf das Wesentliche zu konzentrieren und nach einer heilvolleren, glücklicheren Art zu leben zu suchen.

Achtsamkeit ermöglicht es dir, anzunehmen, dass du all das, was du nicht kontrollieren kannst, eben nun einmal nicht kontrollieren kannst. Achtsamkeit kann dir aber auch die Augen für die Schönheit der Vergänglichkeit öffnen. Lililai, die Glühwürmchenprinzessin, bringt es auf den Punkt, als sie sagt: *»In unserer Vergänglichkeit liegt ja gerade unsere Schönheit. Es ist die Flüchtigkeit unseres Erscheinens, die unser Erscheinen so kostbar macht.«*

Frieden mit der Vergänglichkeit schließen

Du kannst dir die Vergänglichkeit zur Freundin machen. So kannst du mehr Achtsamkeit entwickeln und dich von Ängsten und negativen Stimmungen befreien. Versuche einmal, mit den folgenden beiden Möglichkeiten zu experimentieren:

1. **LOSLASSEN:** Je mehr du an dem, was ist oder war, festhältst und dem, was kommen will, im Weg stehst, desto mehr Probleme wirst du haben. Beobachte das achtsam in deinem eigenen Leben – zum Beispiel in Augenblicken, wo du mit deinem Älterwerden haderst oder wenn du Abschiedsschmerzen empfindest, weil zum Beispiel ein Kind ausgezogen, ein Elternteil gestorben oder eine Lebensphase zu Ende gegangen ist.
   Gelingt es dir, auf den Wellen des Wandels zu reiten, statt dich von deinen Sehnsüchten oder Ängsten überwältigen zu lassen? Hilft dir die Konzentration auf das, was ist, dabei, das, was war, loszulassen? Oder hilft dir die Frage: »Jetzt, wo das Alte vergangen ist – was ist wohl das Neue, das kommen will?« Trauer ist eine vollkommen natürliche und gesunde Reaktion auf Verlust, die wahrgenommen und durchlebt werden will. Vielleicht aber ist es hilfreich, deine Trauer mit der Zeit loszulassen, indem du sie durch Dankbarkeit für das, was war, ersetzt …
2. **WERTSCHÄTZEN:** Die Vergänglichkeit des Lebens kann dich daran erinnern, wie kostbar jeder einzel-

ne Augenblick ist. Achtsamkeit ermöglicht es dir, jeden Moment in seiner ganzen Tiefe zu erleben und das Wunder des Jetzt zu erkennen. Das Bewusstsein, dass kein Augenblick jemals zurückkehren wird, lädt dich dazu ein, die Gegenwart intensiver zu genießen und auszukosten.

Auch wenn wir scheinbar immer wieder Gleiches erleben, so ist es doch nie wirklich das Gleiche. Du kannst jeden Augenblick neu erfahren – egal, ob du einen Spaziergang machst, dein Frühstück isst, mit einer Freundin telefonierst oder dir die Hände wäschst. Aber du musst das auch wollen. Du musst dich entscheiden: Bist du bereit, jeden Augenblick mit deinem Herzen zu berühren?

Als Bao am nächsten Morgen erwachte, fühlte er sich gestärkt und voller neuer Energie. Die morgendlichen Sonnenstrahlen fielen durch die Blätter und weckten seine Wanderlust. Doch bevor er sich wieder auf den Weg machte, meditierte er noch, atmete in ruhigen Zügen frische Waldluft und rief sich die Begegnung mit Lililai in Erinnerung. Schließlich schrieb er, erst zögerlich, dann aber immer sicherer, seine Einsichten auf ein Blatt für seine Bambusblattbibliothek.

Aus Baos Bambusblattbibliothek

Nichts ist beständiger als die Veränderung. Tanze auf den Wellen des Wandels, anstatt dich von ihnen überwältigen zu lassen.

Mit jedem Augenblick, der vergeht, beginnt ein neuer Augenblick. Loslassen ist nicht das Ende, sondern der Beginn einer neuen Erfahrung.

Je mehr wir festhalten, desto schwerer wird unsere Last. Mit Achtsamkeit lernen wir, diese Last loszulassen und im gegenwärtigen Moment zu leben.

Sei bereit, das Alte gehen zu lassen, um das Neue willkommen zu heißen. Alle Erfahrungen kommen und gehen, wie Wolken am Himmel. Lass die Vergänglichkeit zu – sie ist die Basis allen Wachstums.

Der lachende Bambus

Bao fühlte sich, als wäre er wieder zu Hause gelandet. Nachdem er den Glühwürmchenwald durchquert hatte, gelangte er in einen Bambushain, der so sehr dem seiner Heimat glich, dass er zunächst glaubte, im Kreis gegangen und tatsächlich wieder zum Ausgangspunkt seiner Reise zurückgekehrt zu sein. Doch dank seiner gesteigerten Achtsamkeit fielen ihm die kleinen Unterschiede schnell auf. Von dem großen Unterschied, dass in diesem Hain kein einziger Panda lebte, einmal ganz abgesehen.

Das Erste, was Bao bemerkte, als er aufmerksam durch den Wald streifte, war, dass die Bambusbäume hier ganz anders aussahen als die, die er kannte. Je weiter er in den Wald vordrang, desto größer und dicker wurden sie. Als Bao schließlich in der Mitte des Waldes angelangt war, stieß er auf einen mächtigen Bambusbaum, der alle anderen an Dicke und Höhe bei Weitem übertraf. Staunend betrachtete Bao diesen uralten Baum. So etwas hatte er noch nie gesehen. Für gewöhnlich waren Bambusbäume schlank und anmutig, aber um diesen Bambus zu umringen, hätte es wohl zehn Pandas bedurft. Zwar konnten auch gewöhnliche Bambusbäume recht hoch werden – doch als Baos Blick am Stamm entlang nach oben wanderte, schien es ihm, als würde dieser Baum so weit in den Himmel ragen, dass er die Wolken berührte.

»Oh, mächtiger Bambus – du musst der König des Bambuswaldes sein«, flüsterte Bao ehrfürchtig, »Wie bist du nur so unglaublich stark und widerstandsfähig geworden?«

Kaum hatte Bao diese Worte gesprochen, rauschte es in den Blättern, wie ein Gelächter. Und als Bao genau hinhörte, hörte er die Stimme des alten Bambusbaums: »Junger Bär, wer so viele Stürme überstanden hat wie ich, wird mit der Zeit ganz von selbst standhaft und mächtig. Meine Stärke liegt in meinen Wurzeln. Sie sind tief und fest im Boden verankert. Sie nähren mich und geben mir die Kraft, dem heftigsten Sturm und der unbarmherzigsten Dürre zu widerstehen.«

Bao staunte nicht schlecht. Vor langer Zeit hatte er auf seiner Reise zu den Geheimnissen der Gelassenheit zwar schon einmal die Stimme eines Baumes vernommen, doch sie war leise und nahezu unhörbar gewesen. Die Stimme dieses Bambusriesen hingegen war klar und sehr deutlich zu verstehen. Andächtig näherte sich Bao dem Baum.

»Auch du, mein junger Freund, hast Wurzeln«, sprach er, und der anschwellende Wind rauschte durch seine Blätter. »Sie mögen wohl nicht ganz wie meine Wurzeln sein, aber sie sind dennoch real. Deine Wurzeln, das sind deine Werte – das, wofür du lebst, wofür dein Herz schlägt und was dir wirklich wichtig ist. Vertraue diesen Wurzeln, denn sie geben dir Halt. Vertraue auf die Wegweiser in deinem Inneren, denn sie werden dich unbeschadet durch alle Schwierigkeiten führen.«

Die Worte des Bambus leuchteten Bao ein. Tatsächlich würde ein Baum ohne starke Wurzeln wohl kaum einen Sturm überstehen. Und ebenso würde auch er, Bao, ohne starke Wurzeln seinen Weg in schwierigen Zeiten schnell verlieren.

»Du hast vollkommen recht, König Bambus«, sagte Bao.

Der Bambus rauschte belustigt. »Ach was – ich bin doch kein König. Ich herrsche nicht über andere – ich herrsche über mich selbst. Das genügt mir vollkommen und ist zudem mehr, als die meisten vermögen.«

Bao nickte verlegen. Erneut erklang das Rauschen in den

Blättern und mit ihm die Stimme des alten Baumes: »Achte gut auf deine Wurzeln, mein junger Freund. Verleihe deinen Werten und Überzeugungen mit guten Taten, klaren Gedanken und freundlichen Worten Ausdruck. Sprich und handle mit Liebe und Achtsamkeit.«

Achtsamkeit! Das hatte Bao ja noch gar nicht erwähnt. »Großer Bambus, da du gerade von Achtsamkeit sprichst. Ich bin auf der Suche nach dem Schatz der Achtsamkeit. Darüber, dass ich dabei mehr auf meine Werte und Überzeugungen achten sollte, habe ich noch gar nicht nachgedacht, aber ich verstehe jetzt, wie wichtig das ist. Nur – woher soll ich wissen, ob meine Werte die richtigen sind?«

Diesmal dauerte es mit der Antwort ein wenig länger. Schließlich sprach der alte Baum: »Das ist eine schwierige Frage, junger Bär. Aber bedenke eines: Dass du den wahren Werten folgst und die richtigen Überzeugungen hast, das erkennst du daran, dass sie niemals anderen schaden werden. Wahre Werte führen zu Frieden, Harmonie und Liebe. Sie lassen dich und alle um dich herum in Freiheit wachsen und zur Entfaltung kommen. Wenn du durch deine Werte und Überzeugungen dazu beiträgst, dass die Welt auch nur ein kleines Stückchen besser und glücklicher wird, dann bist du auf dem richtigen Weg. Um das jedoch zu erkennen, ist Achtsamkeit wichtig.«

Bao nickte, er begann zu verstehen. »Aber was, wenn ich den falschen Weg einschlage und versage?«, fragte er.

Der Baum lachte leise. »Junger Bär, jeder Bambus beginnt als winziger Spross. Und jeder Spross hat am Anfang Schwierigkeiten, sich durch den harten Boden zu kämpfen. Mit Zeit und Geduld jedoch wächst er und wird stark, sofern er dabei biegsam und flexibel bleibt. Genauso ist es auch mit dir. Jeder Fehler, jedes Versagen, jede falsche Entscheidung ist eine Chance, um zu wachsen und zu lernen. Verliere nie den Mut. Verlass dich auf deine Wurzeln, pflege die Achtsamkeit, bleib flexibel und vertrau deinen Erfahrungen.«

Bao sah den alten Baum an, und ein Lächeln breitete sich auf seinem Gesicht aus. Er fühlte sich gestärkt, mutiger. Er glaubte jetzt zu verstehen, was der Baum ihm mitteilen wollte. Er war bereit, seine Wurzeln zu nähren und an sich selbst zu glauben. Eine Frage aber lag ihm auf dem Herzen: »Alter Bambus, was ist das Geheimnis deiner Widerstandsfähigkeit? Wie kannst du sowohl den heftigsten Orkanen als auch der langen Trockenheit standhalten?«

Wieder rauschten die Blätter des alten Bambusbaums, als er in sanftem Tonfall antwortete: »Die Fähigkeit, inmitten der wechselhaften Zeiten unverwundbar zu bleiben, mein junger Freund, hängt nicht allein von starken Wurzeln ab. Ebenso von Bedeutung ist die Kunst, sich anpassen zu können. Der Bambus, der sich im Wind biegt, bricht nicht. Er richtet sich nach dem Sturm wieder auf und bleibt immer ganz er selbst. Seine Kraft liegt in seiner Beweglichkeit. Und genau darin liegt auch das Geheimnis meiner Widerstandsfähigkeit.«

»Oh ja – das verstehe ich«, sagte Bao. »Aber kannst du mir noch etwas über die Bedeutung der Achtsamkeit verraten?«

»Natürlich«, antwortete der Bambusbaum. »Nur wenn du achtsam bist, kannst du auf weise Art reagieren. Nur

wenn du dich selbst spürst und wach bleibst, kannst du dich entscheiden, nachzugeben, statt zu kämpfen. Ohne Achtsamkeit werden dich alle Hindernisse auf deinem Weg hart machen und die Stürme des Lebens werden dich brechen. Doch wenn du wahrnimmst, was geschieht, ohne Widerstand dagegen zu erzeugen, kann kein Orkan dich umwerfen, keine Flut dich wegschwemmen und keine Dürre dich austrocknen.«

Bao sah den Baum nachdenklich an. »Das hört sich alles sehr gut an, ehrwürdiger Bambus – und sehr wahr. Ich fürchte nur, dass es leichter gesagt als getan ist. Wie kann ich denn lernen, flexibel und zugleich stark zu sein?«

Die Stimme des alten Baumes klang warm und mitfühlend, als er schließlich antwortete: »Erlaube dir, deine Gefühle achtsam zu spüren, Bao. Sei traurig, wenn du traurig bist, sei glücklich, wenn du glücklich bist. Lass die Gefühle durch dich hindurchwehen, so wie der Wind durch meine Blätter weht. Deine Fähigkeit, deine Emotionen anzunehmen und achtsam damit umzugehen, schenkt dir Flexibilität. Doch verliere dabei nie aus den Augen, wer du in deinem Innersten wirklich bist. Deine Werte und Prinzipien sind es, die dir Stärke und Dauer verleihen.«

Bao nickte. Er hatte an diesem Tag eine wichtige Lektion gelernt. Der alte Baum hatte zwar nicht viel über Achtsamkeit gesprochen, doch Bao hatte einen neuen Aspekt kennengelernt, der ihm helfen würde, sein Ziel zu erreichen. Ohne *innere Stärke und ohne starke Wurzeln, das wusste er jetzt, war es nicht möglich, Widerstandskraft zu entwickeln. Achtsamkeit war nötig, um sich seiner Wurzeln bewusst zu werden und Vertrauen in seine innere Ausrichtung, seine Werte und Überzeugungen zu gewinnen. Doch starke Wurzeln allein würden nicht genügen, denn ebenso wichtig war es, in schwierigen Zeiten flexibel und nachgiebig zu bleiben – und auch dafür musste er achtsam sein.*

Bao dankte dem alten Bambusbaum von ganzem Herzen und machte sich wieder auf den Weg. Als er ging, flüsterten die Blätter des großen Baumes ein Lied:

»Vertrauen
in uns
verankert tief innen
unsere Wurzeln, Werte, Stärke
unverwüstlich.«

Stürme gut überstehen

Ebenso wie das Leben sorgt auch das Wetter für jede Menge Abwechslung: Mal herrscht Flaute, mal zerstören Orkane ganze Wälder. Dann können nur Bäume überleben, die starke Wurzeln haben und zugleich flexibel genug sind, um den heftigen Windstößen nachzugeben.

Nun sind Menschen freilich keine Bäume. Aber Stürme kennen wir schon auch – und manche erschüttern uns so sehr, dass wir Gefahr laufen, »umzuknicken« und unseren Weg zu verlieren.

Wie begegnest du den Stürmen in deinem Leben?

Wie gehst du mit Krisen, Verlusten, kleinen und großen Katastrophen oder in einem Wort: mit Stress um? Wie schützt du dich gegen Angriffe auf dein »seelisches Immunsystem«?

Die Fähigkeit, schwierige Lebensphasen mit heiler Haut zu überstehen, nennt man Resilienz. Der alte Bambus, dem Bao begegnet, ist resilient – im Laufe der Jahre hat er seine Widerstandsfähigkeit immer weiterentwickelt.

Auch manche Menschen sind sehr resilient – nichts kann sie langfristig aus der Bahn werfen. Den meisten von uns fällt es jedoch schwer, nach einschneidenden Ereignissen wieder auf die Füße zu kommen. Dann helfen uns Methoden, die es uns ermöglichen, achtsam und gelassen mit Krisen umzugehen.

Nicht anders als Bäume, brauchen auch wir zwei Dinge, um uns vor Schicksalsschlägen zu schützen: starke Wurzeln und eine gute Beweglichkeit beziehungsweise große Flexibilität.

Fangen wir unten an – beginnen wir mit den Wurzeln: Natürlich und zum Glück wachsen dir wohl keine Wurzeln aus den Füßen. Das heißt aber nicht, dass Menschen nicht auch Wurzeln hätten. Es sind deine Wurzeln, die dir Halt geben. Du kannst in deiner Familie oder Heimat verwurzelt sein, vor allem aber solltest du in der Realität verwurzelt sein. Deine Bodenhaftung ist umso stärker, je besser du dich mit der physischen Welt verbindest und deine Grundbedürfnisse wie Schlaf, Nahrung, Schutz und Verbundenheit zu anderen erfüllst. Sorge gut für dich selbst, denn das ist die wichtigste Voraussetzung für eine gute Resilienz.

Eine weitere Möglichkeit, starke Wurzeln zu bilden und dich gegen Krisen zu wappnen, bieten dir deine Werte. Wie ein Leuchtturm können dir Werte wie Mitgefühl, Gerechtigkeit, Offenheit oder Toleranz in dunklen Zeiten den Weg zurück nach Hause weisen. Achtsamkeit ermöglicht es dir, dir deiner Werte bewusst zu werden. Je klarer dir deine Werte sind und je öfter du sie in deinem Denken und Handeln zum Ausdruck bringst, desto stärker wird auch deine innere Haltung und damit deine Wurzeln.

Doch wie schon der Bambus sagt: Starke Wurzeln allein reichen nicht. Fehlt es an Flexibilität, werden auch die dicksten Wurzeln den Baum im Sturm nicht retten können. Flexibilität und Anpassungsfähigkeit sind nötig, damit du in Anbetracht großer Schwierigkeiten nicht erstarrst. Und sie helfen dir, dich wieder aufzurichten, wenn die Krise vorbei ist.

In der Beweglichkeit liegt eine ganz besondere Kraft. Sie ermöglicht es dir, dich den ständig wechselnden Umständen anzupassen, die Ruhe zu bewahren und gelassen zu bleiben. Flexibilität ermöglicht es dir, loszulassen und zu akzeptieren. Auch hierbei ist Achtsamkeit entscheidend, denn sie hilft dir, deine inneren Widerstände zu erkennen. Statt sofort automatisch mit Abwehr oder Verzweiflung auf die Stürme des Lebens zu reagieren, kannst du erst einmal innehalten und durchatmen. Und vielleicht erkennst du dann, dass es oft besser ist, nichts zu tun und die Dinge laufen zu lassen.

Krisen weise begegnen

Jeder Mensch muss in seinem Leben schwierige Zeiten überstehen, und die Frage ist, wie wir dem begegnen können. So wie wir das sehen, besteht der entscheidende Schritt darin, sich gut vorzubereiten. Schütze dich vor der Krise, *bevor* sie kommt. Wenn du erst einmal mitten im Sturm steckst, ist es schwieriger, wenngleich dich eine achtsame Haltung und die Entscheidung, innere Ruhe zu bewahren, auch dann noch retten können.

Folgende Punkte helfen dir dabei, Sturmschäden schon im Vorhinein zu verhindern:

- **MEDITIERE:** Eine regelmäßig Meditationspraxis, bei der du zum Beispiel einfach nur deinen Atem beobachtest und deinen Körper entspannst, schenkt dir im Laufe der Zeit Vertrauen (Wurzeln) und Offenheit (Flexibilität). Ein paar Minuten täglich genügen schon, um sich zu erden und dem Auf und Ab des Lebens gelassener begegnen zu können.

- **NIMM DEN KOPF AUS DEM SAND:** In schwierigen Phasen haben viele von uns die Tendenz, wegzulaufen und sich abzulenken. Flieh nicht ins Unbewusste. Bleibe Gestalterin oder Gestalter deines Lebens, übernimm die Verantwortung und steh für dich ein. Wenn du mit einem erschütternden Ereignis oder einer schwierigen Situation konfrontiert wirst, dann erkenne klar und bewusst, dass es so ist. Beobachte achtsam, wie dein Körper, deine Gefühle und deine Gedanken reagieren. Krisen sind nicht angenehm, aber sie sind normal – jeder Mensch durchlebt sie. Beobachte, wie der Sturm kommt, wie er sich auf dich auswirkt und wie er schließlich weiterzieht – bleib achtsam.

- **VERBINDE DICH MIT DER ERDE:** Mach dir immer wieder bewusst, dass du von der Erde getragen bist. Geh barfuß, leg dich auf den Boden und stärke den Kontakt nach unten – dorthin, wo die Wurzeln sind.

- **LASS DICH VON DEINEN WERTEN LEITEN:** Was ist dir wirklich wichtig? Welche Qualitäten sind für dich wesentlich? Mach dir deine Werte bewusst. Wähle dir einen deiner Werte, wie etwa Offenheit, Frieden oder Heiterkeit, und nutze ihn als Orientierungshilfe und »Leuchtturm«, der dich auch in einer Krise wieder in deine Mitte zurückführt.

- **PFLEGE DEIN BEZIEHUNGSNETZ:** Gerade in schwierigen Phasen kannst du viel Kraft daraus schöpfen, positive Menschen zu treffen, dich einer Gruppe anzuschließen oder alte Freundschaften wiederzubeleben.

- **BLEIB IN DEINEM GANZEN WESEN BEWEGLICH UND »BIEGSAM« – IN KÖRPER, GEFÜHLEN, GEDANKEN UND DEINEN SOZIALEN BEZIEHUNGEN:**

  - Sorge gut für deinen Körper und dafür, dass er beweglich und vital bleibt. Halte ihn in Bewegung.

  - Lass deine Emotionen fließen. Schlucke Gefühle nicht runter, sondern schenke ihnen deine ganze Aufmerksamkeit und lass sie zu. Nutze die Achtsamkeit, um deine Gefühle besser wahrzunehmen und anzunehmen. Bleib »emotional flexibel« – und wenn in schwierigen Situationen unangenehme Gefühle auftauchen, dann nimm auch das achtsam wahr. Umarme deine Gefühle, ohne dich jedoch in ihnen zu verstricken.

  - Bewahre dir deine geistige Flexibilität. Denk über Lösungsansätze nach. Nimm neue Blickwinkel ein. Öffne dich für die Vielfalt und prüfe auch andere Meinungen, statt sie automatisch abzulehnen. Sorge für neue Inspiration durch

Lesen oder Reisen. Öffne dich für neue Herausforderungen und glaube nicht alles, was du denkst. Reflektiere – stell deine Ansichten und Urteile gelegentlich selbst in Zweifel.

Je weiter Bao wanderte, desto kleiner wurden die Bambusbäume um ihn herum, bis die Umgebung schließlich wieder dem Wald seiner Heimat ähnelte. Als die Sonne langsam unterging, setzte sich Bao nieder. Doch bevor er sich zum Schlafen legte, schrieb er noch ein paar Worte auf ein Blatt.

Aus Baos Bambusblattbibliothek

Nur wenn du starke Wurzeln hast, wirst du den Stürmen des Lebens widerstehen können.

Je klarer deine Werte, je klarer deine Ausrichtung ist, desto stärker werden deine Wurzeln sein. Sie sind die Samen, aus denen Vertrauen und Stärke erwachsen.

Vertrauen wächst, wenn du deine Achtsamkeit auf deine Fähigkeiten, deinen Willen und deine Intuition richtest. So wie dir ein Leuchtturm den Weg weist, so werden dich diese Qualitäten durch das Unbekannte führen, wenn du deinen Weg verloren hast.

Vertraue auf deine Wurzeln – vertraue auf deine Flexibilität. Dann wird jeder Fehler, den du machst, zu einer wertvollen Erfahrung, die dich widerstandsfähiger macht.

Nichts als offene Weite

Bao hatte den Wald hinter sich gelassen und trottete gemächlich durch die grasbewachsene Steppe. Das inspirierende Gespräch mit dem uralten Bambus ging ihm noch lange im Kopf herum. Er fühlte sich großartig und war sich sicher, dass er seinem Ziel nun immer näher kam. Dennoch ahnte Bao auch, dass er auf seiner Reise zur Achtsamkeit noch einiges zu lernen hatte. Offenbar gab es ja nicht nur einen, sondern viele verschiedene Wege, die ihn zum Schatz der Achtsamkeit führen konnten – und auch wenn er schon einige davon kennengelernt hatte, so gab es doch sicher noch manch andere zu entdecken.

Während seiner Wanderung wiederholte Bao innerlich immer wieder die verschiedenen Lektionen, die er bisher gelernt hatte. Seit er begonnen hatte, täglich eine Zeitlang zu meditieren, wuchs seine Achtsamkeit beständig. Gleichzeitig pflegte er die Achtsamkeit aber auch außerhalb der Meditation mitten im Leben, denn er hatte gelernt, das auch das wichtig, ja vielleicht sogar noch wichtiger war. Und so achtete Bao auf jeden seiner Schritte, während er die Berge erklomm. Er achtete auf die Klänge, während er den Liedern der Wälder und des Windes lauschte, er achtete auf die Kühle des Wassers, während er die großen Flüsse durchschwamm. Mit jedem Tag, der verging, entdeckte Bao, dass die Welt voller Wunder war, und er begann, diese Wunder mehr und mehr zu genießen.

Eines späten Abends – Bao wollte sich gerade zur Ruhe legen – nahm er ein Leuchten im Geäst eines Baumes wahr. Obwohl bereits Sterne am Himmel standen, waren es keine Sterne. Und ganz bestimmt waren es auch keine Glühwürmchen. Jetzt, wo er genauer hinsah, erkannte Bao, dass es zwei Augen waren, die da im Dunkeln strahlten. Zu welchem Wesen diese riesigen Augen gehörten, konnte Bao in der Dunkelheit nicht erkennen. Leise setzte er sich auf und blickte neugierig in diese Augen. Freundlich sagte er: »Hallo, Fremder. Ich bin Bao, der Panda, und wer bist du?«

Lange wartete Bao vergebens auf eine Antwort, weshalb er schließlich fortfuhr: »Ich weiß zwar nicht, wer du bist und warum du nichts sagst, aber jedenfalls musst du keine Angst vor mir haben. Ich habe keine bösen Absichten. Ich bin nur ein kleiner Pandabär auf der Suche nach dem Schatz der Achtsamkeit.«

Da leuchteten die Augen auf und erhoben sich geräuschlos. Kurz darauf schwebte eine majestätische Eule nieder – ihr Flug war so leise, dass Bao kein Flattern von Flügeln, sondern nur ein leises Rauschen hörte. Erst als sie sanft vor Bao landete, konnte er ihr glänzendes Federkleid erkennen.

»Bao«, sprach die Eule mit sanfter Stimme. »Ich bin Kantha, die Meisterin der Eulen. Ich habe viel gesehen in meinem langen Leben, aber ich muss gestehen – einem kleinen Bären, der sich für die Geheimnisse der Achtsamkeit interessiert, bin ich wahrlich noch nie begegnet.« Die Eule schüttelte ihre Federn aus. »Wenn du möchtest, will ich dir gern ein wenig auf deiner Suche helfen. Aber den wichtigsten Schritt hast du ja bereits getan, wie ich sehe.«

Bao sah die Eule fragend an. »Na ja – du hast dich immerhin auf die Reise gemacht, oder?«, sagte sie. »Um den

Schatz der Achtsamkeit zu entdecken, musst du deinen eigenen Weg finden. Und den kannst du natürlich nur finden, wenn du überhaupt einmal losgehst. Das kann schließlich niemand für dich tun, oder?«

Bao nickte. Kantha schloss ihre großen Augen und sprach: »Die ersten Schritte hast du also längst getan, aber hast du auch schon vom Geheimnis der Stille gehört?«

Bao überlegt – dann fiel es ihm wieder ein: »Oh ja, Kantha – auf meiner Wanderung bin ich einem Eichhörnchen begegnet. Bei ihm habe ich gelernt, die Stille in mir selbst zu entdecken und das Wunder der kleinen Dinge zu erkennen.«

Die Eule nickte Bao gütig zu und sagte: »Das muss wohl Shushu gewesen sein – eine liebe Freundin von mir. Und hat Shushu dir noch etwas anderes gesagt?«

»Ja – dass die Stille nur ein Anfang ist. Und dass es Stille braucht, um genau hinzusehen.«

»Ganz genau«, schmunzelte Kantha. »Stille ist die Brücke, die zur Erkenntnis führt. Aber sie führt nicht nur zur Erkenntnis …«

Bao rieb sich die Augen. »Wie meinst du das?«

»Probier es doch gleich einmal aus. Mach die Augen zu und lausche. Werde ganz still und beobachte, was geschieht«, sprach die Eule.

Bao setzte sich aufrecht hin, atmete ein paarmal tief durch und richtete seine ganze Aufmerksamkeit auf das Lauschen. Zuerst passierte nicht viel, außer dass es Bao an den Ohren juckte. Doch mit der Zeit und wohl auch durch die Präsenz der weisen Eule begann er, die subtilen Geräusche der Nacht wahrzunehmen: das Rauschen der Blätter, das Rascheln der kleinen Kreaturen, den leisen Wind. Und schließlich spürte Bao, wie die Stille sich auch in seinem Geist ausbreitete.

Als Bao die Augen wieder öffnete, fragte Kantha: »Und – was hast du gespürt, kleiner Bär?«

»Ruhe. Und Stille ganz tief in mir«, antwortete er, »Stille und unendliche Weite.«

Kantha nickte. »Sehr gut, Bao. Du lernst schnell«, sagte sie zufrieden. »Denn Stille ist nicht nur die Brücke, dir zur Erkenntnis führt, sie führt auch zur Offenheit – zu Weite und Offenheit im Geist.«

»Offenheit?«, fragte Bao. »Was bedeutet das?«

»Offenheit ist Freiheit von dir selbst. Offen zu sein, bedeutet, dass du dir stets bewusst bist, dass alles auch ganz anders sein kann, als du denkst – dass das, was du glaubst, nur ein sehr kleiner und beliebiger Teil der Wirklichkeit ist. Offenheit bedeutet, dass du aufhörst, alles durch den Filter deiner alten Erfahrungen und Meinungen zu sehen – dass du aufhörst, zu urteilen und alle Dinge zu bewerten. Und da du schon einmal nach dem Schatz der Achtsamkeit suchst«, fuhr die Eule fort, »solltest du auch wissen, dass wahre Achtsamkeit nur in Offenheit wachsen kann.«

Bao seufzte. »Der Schatz der Achtsamkeit scheint wohl doch tiefer vergraben zu sein, als ich dachte. Wie soll es denn möglich sein, offen zu werden, wenn ich nicht offen oder jedenfalls noch nicht offen genug bin?«

Kantha lächelte: »Ach, Bao – das weißt du doch schon längst und hast es gerade erst erfahren, oder? Pflege die Stille in deinem Geist. Die Erfahrung der Stille fördert die Offenheit. Nur durch innere Stille kannst du Klarheit und Gelassenheit finden. Und sobald du in dir ruhst, beruhigen sich deine Gedanken, aus denen auch deine Meinungen, Erwartungen und Befürchtungen bestehen.«

Lange saßen Kantha und Bao nebeneinander und schwiegen. Schließlich blickte die Eule Bao mit ihren großen, strahlenden Augen an und sagte: »Bewahre diese Offenheit, diese Bereitschaft, zuzuhören, nach innen zu lauschen und zu lernen. Die Offenheit, die frei von Vorurteilen ist, wird dir helfen, dich selbst besser zu verstehen und inneren Frieden zu finden.«

Bao dachte eine Weile darüber nach und je mehr er nachdachte, desto mehr leuchtete ihm ein, was Kantha gesagt hatte. Schließlich sagte er leise: »Ja, ich verstehe.«

Da lachte die weise Eule. »Wenn du glaubst, dass du verstehst, hast du es noch nicht verstanden.«

Bao sah Kantha verwirrt an. »Das verstehe ich nicht«, sagte er.

»Sehr gut!«, rief Kantha, flog geräuschlos davon und ließ Bao verwirrt im dunklen Wald sitzen.

Lange konnte Bao nicht einschlafen und grübelte. Kurz bevor er schließlich doch noch einschlief, hörte er ein Lied, gesungen mit der zarten Stimme der Eulenmeisterin:

»Offenheit
im Geist,
Lehrerin der Seele,
bringt tiefes Selbstverständnis, Frieden,
Weite.«

Dein wahres Wesen erkunden

Was hat dich dazu bewogen, dich mit dem Thema Achtsamkeit zu beschäftigen? Hast du vielleicht nach einer Möglichkeit gesucht, dich zu entspannen und effektiver mit Stress und Belastungen im Alltag umzugehen? Das ist recht wahrscheinlich, denn für viele von uns ist genau das der Grund dafür, diesen Weg einzuschlagen. Tatsächlich sind achtsamkeitsbasierte Methoden auf längere Sicht sehr wirkungsvoll, um Ruhe und Gelassenheit zu entwickeln. Dennoch sollte dir bewusst sein, dass das eigentlich nur eine Nebenwirkung ist. An sich ist Achtsamkeit nämlich gar keine Entspannungstechnik, sondern vielmehr eine »Aufwachtechnik«. Letztlich bietet dir Achtsamkeit einen Weg, deinem wahren Wesen zu begegnen und aus dem tranceähnlichen Zustand zu erwachen, der unser aller Leben üblicherweise bestimmt und eintrübt.

Allerdings – mit Begriffen wie »wahres Wesen«, »höheres Selbst« oder »wahre Natur« haben wir ein Problem. Zwar klingen sie schön und werden auch recht oft benutzt, aber mal ehrlich: Kannst du dir darunter konkret etwas vorstellen? Wahrscheinlich eher nicht. Worte können das Wesentliche leider nicht beschreiben. Andererseits können sie doch ein bisschen dabei helfen zu verstehen, worum es geht, wenn wir von unserem »wahren Wesen« sprechen.

Als der Kaiser Liang Wu Di vor rund 1500 Jahren dem Bodhidharma, dem ersten Patriarchen des Zen-Buddhismus, begegnete, fragte er ihn nach dem Sinn und Ziel seiner Lehre. Darauf antwortete Bodhidharma: »Nichts als offene Weite.« Und er fügte hinzu, dass es sich dabei nicht um etwas Besonderes oder gar Heiliges handelt. »Offene Weite« beschreibt den Zustand des Erwachens. »Offenheit« und »Freiheit« sind Begriffe, unter denen sich jeder etwas vorstellen kann. Offenheit fühlt sich gut an. Der Blick auf die Unendlichkeit des Ozeans oder in die grenzenlose Weite des Himmels lässt uns das Herz aufgehen. Hingegen fühlt sich Enge unangenehm an. Enge macht Angst. Sie schränkt uns ein und macht uns klein.

Die »offene Weite«, die Bodhidharma meint, bezieht sich allerdings nicht auf die äußere, sondern auf die innere Freiheit. Er spricht von dem Zustand, in dem wir frei von Ängsten, Sorgen, Zweifeln und Abertausenden von unnötigen Gedanken sind. Diese Gedanken sind es, die uns in unseren eigenen Kopf einsperren, uns einengen und uns den Blick auf unser wahres Wesen versperren.

Theoretisch ist es sehr einfach, dem inneren Gefängnis zu entkommen. Offenheit und Klarheit entfalten sich nämlich ganz von selbst, wenn dein Geist zur Ruhe kommt. Sorgen, Angst und Gier sind nur auf der Oberfläche wirksam – je tiefer du tauchst, desto deutlicher kommt dein wahres Wesen zum Vorschein. In der Praxis ist es dann jedoch nicht ganz so leicht, da wir Offenheit nicht »machen«, sondern nur zulassen können. Und das fällt den meisten von uns schwer, da uns die vielen Gedanken – die »Affen im Kopf« – rund um die Uhr auf Trab halten.

Es kann dir nur gelingen, tief in dein Wesen einzutauchen, wenn du den Dauerlärm deiner Gedanken zum Schweigen bringst oder mit anderen Worten: indem du still wirst. Oder wie Bao es noch in seine Bambusblattbibliothek aufnehmen wird: *»Nur in der Stille kannst du dich für das Neue öffnen und das Alte hinter dir lassen. Nur in der Stille kannst du die unendliche Weite in deinem Geist entdecken.«*

Pflege die Stille in deinem Geist. Nimm dir Zeit dafür, dich selbst zu erkennen. Schaffe Momente der Stille. Nutze die Kraft deiner Aufmerksamkeit, um dich mit dem unendlichen Raum zu verbinden, der dich umgibt. Öffne deinen Geist und dein Herz und erkenne, wer du wirklich bist.

Stille und Weite kultivieren

- Zieh dich für eine kurze Zeit aus dem Alltag zurück.

- Lenke deine Achtsamkeit auf die Atmung. Spüre, wie du ruhig und tief ein- und ausatmest. Gib deinem Atem allmählich mehr Raum und lass zugleich deine Gedanken zur Ruhe kommen.

- Innere Stille ist unabhängig von äußerem Lärm. Auch wenn du außen viele Geräusche hörst: Lausche in dich hinein, lausche bis zur Quelle aller Geräusche. Die Stille findest du jenseits des Denkens.

- Tauche tief in die Stille ein. Lass alle Sorgen, Ablenkungen und Gedanken kommen und gehen, aber fokussiere dich nicht darauf. Erlaube dir, einfach nur im Hier und Jetzt zu sein und still zu werden.

- Richte deine Aufmerksamkeit nun auf die Qualität der Weite und Offenheit. Stell dir vor, wie sich der weite Himmel endlos über dir erstreckt. Mach dir bewusst, dass alles, was du wahrnehmen kannst, von unendlichem Raum umgeben ist – auch die Erde und natürlich auch du selbst. Verbinde dich innerlich mit diesem Raum: Spüre über deine Körpergrenzen hinaus – entspanne dich in den Raum hinein.

- Wenn du diese Meditation regelmäßig durchführst, wird allmählich ein Gefühl von Frieden und Offenheit in dir aufsteigen. Genieße diesen Zustand – öffne dich bewusst für dein wahres Wesen.

- Um die Meditation zu beenden, atmest du einige Male tief durch und öffnest dann langsam die Augen, bevor du wieder in den Alltag zurückkehrst.

Als Bao am nächsten Morgen aufwachte, schien ihm, als hätte er im Traum eine Einsicht gehabt. Und obwohl er immer noch nicht ganz begriff, was Kantha ihn da eigentlich gelehrt hatte, blieb doch das Gefühl, dass er auf seiner Suche ein ganzes Stück weitergekommen war. Die Kraft der Stille und die Offenheit für neue Erfahrungen und Perspektiven würden ihm bestimmt helfen, ein tieferes Selbstverständnis und inneren Frieden zu finden. Und mit der aufgehenden Sonne pflückte er ein Blatt von einem Bambus und schrieb seine Erkenntnisse auf:

Aus Baos Bambusblattbibliothek

Nur in der Stille kannst du dich für das Neue öffnen und das Alte hinter dir lassen. Nur in der Stille kannst du die unendliche Weite in deinem Geist entdecken.

Glaube nicht alles, was du denkst. Offen zu bleiben, bedeutet, die Dinge aus verschiedenen Perspektiven zu betrachten und verschiedene Sichtweisen anzuerkennen.

Offenheit und Klarheit entstehen, wenn du deine Gedanken und mit ihnen deine Meinungen und Ansichten zur Ruhe kommen lässt. Ist dein Geist offen und klar, entfaltet sich Achtsamkeit auf ganz natürliche Weise.

Befreie dich von Urteilen und Verurteilungen. Offen zu sein, heißt, nicht zu werten. Schenkst du den Wesen und Dingen mehr Raum, wirst auch du in dir selbst mehr Weite und Freiheit erfahren.

Das Geheimnis des Flusses

Was hat Kantha bloß gemeint?«, murmelte Bao, als er an die Begegnung mit der Eulenmeisterin dachte. Sein Weg hatte ihn aus dem Wald in ein blühendes Auenland geführt. Gedankenverloren spazierte er am Ufer eines silbrigen Flusses entlang, der sich träge durch die Auen schlängelte. »Wenn ich glaube, etwas zu wissen, dann habe ich es noch nicht verstanden, hat sie gesagt. Das kapier ich einfach nicht.« Bao schüttelte den Kopf. Zwar spürte er, dass die weise Eule ihm etwas Wichtiges hatte mitteilen wollen – nur was, das war ihm völlig schleierhaft.

Plötzlich wurde er von einem leisen Geräusch aus seinen grübelnden Gedanken gerissen. Hatte da eine Stimme zu ihm gesprochen? Er schaute sich verwundert um. Weit und breit war niemand zu sehen. In der Ferne sangen Vögel, und Insekten schwirrten um die Blüten der Obstbäume. Im klaren Wasser des Flusses spiegelten sich Erlen und üppige Weiden.

»Lass los, Bao – lass los.« Da war sie wieder, die geheimnisvolle Stimme. Und auf einmal erkannte Bao, dass der Fluss selbst es war, der zu ihm sprach. »Lass dein Grübeln los.«

Bao setzte sich ans Ufer und tauchte vorsichtig eine Pfote in das kalte Wasser. »Bist du es etwa, der da mit mir spricht, lieber Fluss?«

Der Fluss rauschte hell auf. »Allerdings«, sagt er, und es klang fast wie ein Lachen. »Und hast du denn auch verstanden, was ich dir gesagt habe?«

»Ich glaube schon: Du hast vom Loslassen gesprochen«, antwortete Bao.

»Genau – denn es gibt nur einen Weg, um tiefen Frieden zu erlangen, kleiner Panda, und der liegt darin, loszulassen, was dich beschwert«, sagte der Fluss.

Bao ließ den Kopf hängen. »Ach, wenn das nur so einfach wäre. Ich würde ja gern loslassen – aber es gelingt mir leider nur sehr selten.«

»Tja – das geht wohl allen so«, antwortete der Fluss. »Erinnerst du dich eigentlich noch, dass du schon einmal mit einem Teil von mir gesprochen hast – damals, als du auf der Suche nach dem Geheimnis der Gelassenheit warst?«

Natürlich – jetzt fiel es ihm wieder ein. Bao erinnerte sich noch gut daran, wie er sich auf seiner ersten Reise mit einem großen Fluss ausgetauscht hatte. Damals hatte ihn jener Fluss gelehrt, wieder zu seiner inneren Quelle zurückzufinden.

»Woher weißt du das?«, fragte Bao erstaunt. »Das war damals doch ein ganz anderer Fluss!«

Und wieder rauschte der Fluss sein helles Lachen. »Ach Bao – wir sind doch alle Kinder des Wasserelements. Wir sind alle eins. Auch Yun, die Wolke, der du vor Kurzem begegnet bist, ist ein Teil von uns.«

Was für eine Vorstellung das war: Alle Flüsse und Wolken und Seen und Meere waren im Grund ein einziges Wesen! Wie gewaltig es war! Und er, ein kleiner, unbedeutender Pandabär, konnte mit diesem Wesen sprechen.

»Ehrwürdiger Fluss«, sagte Bao. »Ich suche nach dem Schatz der Achtsamkeit – das ist das Ziel meiner Reise, die mich auch zu dir geführt hat. Und ich habe so das Gefühl, dass es kein Zufall ist, dass wir uns begegnet sind. Kannst du mir vielleicht weiterhelfen?«

»Ach, Bao«, rauschte der Fluss, »ich kann dir dazu leider nicht allzu viel sagen. Du wirst den Schatz der Achtsamkeit finden, wenn du zulässt, dich selbst zu finden.«

»Ach je, mich selbst finden! Wo soll ich da suchen? Und wenn ich nach mir selbst suche, wer ist es dann, der sucht?«

»Lass das alles los«, murmelte der Fluss. »Du machst dir zu viele Gedanken, Bao. Achtsam zu sein heißt nicht, nachzudenken – im Gegenteil. Viel wichtiger ist es, seinen Geist zu entspannen und aufzuwachen. Erkenne dich selbst. Erkenne deine Stärken und Schwächen, deine Freuden und Schmerzen – erkenne, was ist, und akzeptiere, dass jeder Moment so ist, wie er nun einmal ist.«

Bao beobachtete ehrfürchtig das fließende Wasser. »Weiser Fluss«, sagte er, »nun muss ich dich doch etwas fragen: Wie kannst du eigentlich stets du selbst bleiben, wenn sich dein Wasser doch ständig verändert?«

Der alte Fluss lachte sanft rauschend. »Junger Bao, es ist gerade die Veränderung, die mich am Leben hält. Siehst du, kein Tropfen Wasser in mir bleibt dauerhaft. Sie kommen und gehen – genau so, wie alle Erfahrungen in deinem Leben ständig kommen und gehen.«

Bao dachte nach. Ja, vielleicht war es wirklich so, dass sein Leben einem Fluss glich. Alles war in ständiger Bewegung und Veränderung. Kein Tag glich dem anderen, jeder kleine Augenblick tauchte nur ein einziges Mal auf – und doch war es stets er selbst, Bao, der das alles erlebte.

»Dein Leben ist bunt und reich, Bao«, fuhr der Fluss fort. »Eine Erfahrung folgt der nächsten. Manchmal werden wunderbare, dann wieder furchtbare Dinge geschehen. Es wird immer wieder Augenblicke geben, in denen dein Herz vor Freude tanzen möchte, aber auch solche, in denen du in einem dunklen Nebel zu ersticken drohst. Aber kämpfe nicht dagegen an – lass los. Achtsamkeit schenkt dir die Fähigkeit, dir der ständigen Veränderung bewusst zu werden, sie zu akzeptieren und schließlich loszulassen.«

Bao nickte dankbar. Er verstand jetzt, dass er den Mut haben musste, die Tatsache der stetigen Veränderungen zu akzeptieren. Er hatte erkannt, wie wichtig es war, all das loszulassen, was nicht dazu beitrug, sein Wachstum zu fördern. Und doch lag ihm noch eine Frage auf dem Herzen. Aussprechen musste er sie allerdings gar nicht, denn der Fluss hatte sie längst erraten.

»Und jetzt fragst du dich, lieber Bao, wie es dir leichter gelingen kann loszulassen, stimmt's?« Bao riss die Augen auf. Konnte der Fluss tatsächlich seine Gedanken erraten?

»Ja, kann ich«, lachte der Fluss. »Wenn du lernen willst loszulassen, sind zwei Dinge sehr hilfreich. Erstens musst du erkennen, was außerhalb deiner Kontrolle liegt und dass du sehr viel weniger Kontrolle über dein Leben hast, als du glaubst. Hast du das erst einmal erkannt, wird Loslassen viel leichter, als wenn …«

»Und zweitens?«, wollte Bao wissen.

»Geduld!«, antwortete der Fluss streng.

Bao bekam ein schlechtes Gewissen. Er hätte dem Fluss nicht ins Wort fallen dürfen. »Entschuldige, lieber Fluss, dass ich es so eilig hatte zu erfahren, was die andere Sache ist, die mir hilft loszulassen.«

»Ich sehe schon, dass sie dir nicht so leichtfallen wird – aber ich habe deine Frage schon beantwortet.«

Bao legte den Kopf schräg und blickte ungläubig drein.

»Geduld«, lachte der Fluss. »Geduld ist die zweite Sache, die wichtig ist, denn Loslassen kannst du nicht über Nacht lernen. Lass die Dinge in ihrem eigenen Tempo geschehen – ohne Druck oder Eile. Nur so kannst du Altes loslassen, um Platz für Neues zu schaffen.«

»Danke«, flüsterte Bao und sah liebevoll auf den alten Fluss. Ganz leise hörte er im Rauschen ein stilles Lied.

»Wasser,
im Wandel,
lehrt leichtes Loslassen,
wirkt inn'res annehmendes Wachstum,
Ganzheit.«

Loslassen, was dich unglücklich macht

Je älter wir werden, desto klarer wird es, dass das Leben eine Lektion im Loslassen ist. Da ist so vieles, das wir gern festhalten würden und doch nicht festhalten können. Früher oder später müssen wir uns von unserer Jugend, unserer Vitalität, von unseren Fähigkeiten und womöglich auch von unserer Gesundheit verabschieden. Ehe wir's uns versehen, ist das, was so lange selbstverständlich war, unwiederbringlich verloren. Manchmal müssen wir uns von vertrauten Orten oder unserem Besitz trennen, müssen Liebesbeziehungen aufgeben oder machen die Erfahrung, dass Freundschaften in die Brüche gehen und selbst Familienbande Risse bekommen. Unsere Träume und Ziele, all die schönen Augenblicke unserer Vergangenheit – nichts davon scheinen wir retten zu können.

Das Leben ist im ständigen Fluss und viele der Veränderungen, die der Wandel mit sich bringt, zwingen uns, loszulassen und Abschied zu nehmen. Du musst nicht dem Buddhismus anhängen, um zu erkennen, dass du umso mehr leidest, je verbissener du festhältst und dich an Vergängliches klammerst. Das Loslassen aller Dinge, die du so gern bewahren würdest und die du doch so wenig festhalten kannst wie den Wind, ist mit Ängsten, Trauer und Schmerz verbunden. Der Philosoph Arthur Schopenhauer hat in seinen Schriften oft darauf hingewiesen, dass das Leben »eine bittere Lektion« ist. Aber stimmt das denn wirklich?

Im Gegensatz zu Pessimisten betont Buddha, dass wir an diesem Punkt nicht stehen bleiben dürfen. Dass das Leben (und damit ist in diesem Zusammenhang vor allem das Festhalten gemeint) leidvoll ist, ist nur der Ausgangspunkt von Buddhas Lehre. Worum es im Buddhismus wirklich geht, ist, das Leiden zu überwinden, frei zu werden, loszulassen.

Der Trick, der deinem Leben eine neue Wendung geben kann und zu Glück, Gelassenheit und Lebensfreude führt, ist leicht: Hör auf, loslassen zu müssen, und beginne damit, loslassen zu wollen. Denn wie der Fluss in der Geschichte zu Bao sagt: »… es gibt nur einen Weg, um tiefen Frieden zu erlangen, kleiner Panda, und der liegt darin, loszulassen, was dich beschwert.«

Es gibt viele Dinge, die dich daran hindern, frei und unbeschwert zu leben. Diese Dinge musst du zwar nicht loslassen – aber du kannst. Wenn du mit deinem Heißluftballon hoch in den Himmel aufsteigen willst, musst du Ballast abwerfen. Im Leben ist das beispielsweise Ballast in Form von toxischen Beziehungen, die dir nicht guttun. Oder in Form negativer Selbstbilder und behindernder Glaubenssätze. Hier ist offensichtlich, wie hilfreich das Loslassen ist. Dasselbe gilt für Schuldgefühle, Fehler in der Vergangenheit oder vergangene Enttäuschungen und schlechte Erfahrungen. Lass das ganze Zeug los! Es steht dir nur im Weg.

Aber selbst dort, wo »dein Herz« an Dingen hängt, die du gar nicht loslassen willst – zum Beispiel an der Nähe zu einem geliebten Menschen oder einer schönen Erfahrung, solltest du trotzdem loslassen, dich entspannen und gelassen bleiben können. Wenn das Leben »weiterzieht« und das Alte dem Neuen Platz macht, musst du die Kontrolle aufgeben – was nicht so schwer sein sollte, da du diese Kontrolle ohnehin nicht hast.

Zu erkennen, dass uns Festhalten nie wirklich glücklich, sondern im Gegenteil ziemlich unglücklich macht, ist ein wichtiger erster Schritt. Der nächste und vielleicht schwierigste besteht darin, herauszufinden, wie das mit dem Loslassen überhaupt gehen soll. Vielen von uns ergeht es nämlich genau wie Bao, wenn er sagt: *»Ich würde ja gern loslassen – aber es gelingt mir leider nur sehr selten.«*

Leider ist die Frage, wie Loslassen gelingt, nicht leicht zu beantworten. Jeder Mensch muss hier seinen eigenen Weg entdecken, und so bleibt dir wohl nichts anderes übrig, als herauszufinden, was für dich funktioniert. Allerdings gibt es doch ein paar Schritte, die dabei sehr hilfreich sein können und die wir dir in der folgenden Übung vorstellen wollen.

Loslassen in vier Schritten

1. **BLEIB ACHTSAM:** Achtsamkeit hilft dir zu erkennen, in welchen Situationen deines Lebens es wichtig für dich ist, etwas oder jemanden loszulassen. Stell dir immer wieder eine einfache Frage: »Was sollte ich jetzt loslassen? Was steht meiner Leichtigkeit und meinem Glück im Weg?«
2. **SCANNE DIE MÖGLICHEN HINDERNISSE:** Es ist wichtig zu erkennen, was du loslassen solltest. Damit du weißt, worauf du dein Augenmerk richten kannst, hier einige Beispiele:

   - Überflüssiger Besitz: Dinge, die du nicht wirklich brauchst. Materieller Ballast.

- Falsche Erwartungen: Erwartungen an dich selbst oder an andere. Erwartungen, dass etwas Bestimmtes passieren oder alles perfekt sein sollte.

- Sorgen um die Zukunft: So wichtig es ist, Pläne zu machen – sich das Schlimmste vorzustellen und Ängste zu schüren, verursacht nur Stress.

- Unnötige Verpflichtungen: Lade dir nicht mehr auf, als du problemlos tragen kannst. Tue nicht jedem jeden Gefallen. Übernimm nicht die Verantwortung dafür, dass andere sich gut fühlen (das müssen sie schon selbst hinkriegen).

- Multitasking und übertriebene Geschäftigkeit: Eine Sache auf einmal zu machen, einen Schritt nach dem anderen zu gehen – das genügt vollkommen. Verliere dich nicht in unnötigem Aktivismus. Sammle dich, tue lieber weniger und das fokussiert.

- Unrealistische Wünsche: Wenn es im Urlaub regnet, nützt es nichts, dir zu wünschen, dass die Sonne scheint. Wenn du dir wünschst, woanders zu sein als dort, wo du bist, oder etwas anderes zu tun als das, was du tust, wird dich das nur frustrieren. Wünsche sind nur eine Form des Festhaltens.

- Negative Glaubenssätze und belastende Gedanken: Letztlich sind es immer nur deine Vorstellungen, Ansichten und Gedanken, die du loslassen solltest – jedenfalls dann, wenn sie dich unglücklich machen.

3. **ENTSCHEIDEN UND LOSLASSEN:** Benenne in Gedanken, wen oder was du loslassen möchtest. Entscheide dich bewusst, diesen Ballast abzuwerfen. Schließe die Augen, atme tief ein, halte kurz den Atem an, mach Fäuste und zieh die Schultern zu den Ohren. Mit einer kräftigen, langen Ausatmung sagst du dir innerlich: »Ich lasse das/ihn/sie JETZT los!« Gleichzeitig öffnest du die Fäuste und entspannst Hände und Schultern. Wiederhole das dreimal und dann:
4. **LASS DEN VERSUCH, BALLAST ABZUWERFEN, LOS:** Richte deine Achtsamkeit auf deinen Atem oder lenke den Fokus sofort wieder auf die nächste Tätigkeit, die ansteht. Beschäftige dich nicht weiter mit der Übung. Lass deinen Wunsch, loszulassen, los und denke nicht darüber nach, ob es »funktioniert« hat.

Loslassen dauert seine Zeit. Bewahre die Geduld. Du kannst die Methode regelmäßig wiederholen – aber nimm dir dafür nicht mehr als ein oder zwei Minuten Zeit. Das Wesentliche passiert sowieso unter der Oberfläche.

Bao stand auf und verneigte sich vor dem Fluss. Es war Zeit, weiterzuziehen. Er fühlte sich freier und leichter denn je. Er wusste, dass er keinerlei Kontrolle darüber hatte, wie seine Reise wohl weiter verlaufen würde – doch das beunruhigte ihn nicht. Im Gegenteil: Gelassen und mit Freude im Herzen öffnete er sich für das Wunder der ständigen Veränderung.

Noch eine ganze Weile folgte Bao dem Fluss. An seinem Ufer bewunderte er die Schwertlilien, Seerosen und Margeriten, die im Schein der untergehenden Sonne tanzten, und immer wieder hielt er an, um dem ewigen Lied des strömenden Wassers zu lauschen. Als die Sonne schließlich unterging, verabschiedete sich Bao noch einmal vom alten Fluss. In der Ferne entdeckte er einen dicht bewaldeten grünen Hügel – da würde er sich für die Nacht niederlassen. Bao trabte gemächlich dem Waldrand entgegen. Als er den Wald erreichte, war die Nacht bereits über die Welt gezogen, doch im hellen Schein des Vollmondes schrieb Bao auf ein neues Blatt:

Aus Baos Bambusblattbibliothek

Veränderung ist nicht dein Feind, sondern dein Lehrer.

In jedem Moment hast du die Macht, loszulassen und dich für die Möglichkeiten des Neuen zu öffnen – doch lass dir Zeit und bleib geduldig.

Du kannst nichts festhalten. Gib die Kontrolle auf und erkenne den Wandel an. Er ist der natürliche Fluss des Lebens – wie die Blätter, die im Herbst fallen und im Frühling neues Wachstum ermöglichen.

Du bist ein vielseitiges Ganzes, bist Licht und Schatten, Hoffnung und Verzweiflung, Lust und Schmerz. Doch bedenke, dass jeder Augenblick nur eine Momentaufnahme ist. Bleib im Inneren geborgen und lass die äußeren Phänomene vorbeiziehen.

Das Wissen des Elefanten

Gut gelaunt und voller Zuversicht trat Bao aus dem Dunst des nebligen Waldes hinaus – doch Laune und Zuversicht sanken schnell, als er sich in einer unbekannten, fremden Landschaft wiederfand. Das Grasland erstreckte sich, so weit das Auge reichte unter einem ebenso endlosen Himmel. Weit und breit waren keine Bäume, geschweige denn Wälder zu sehen. Lediglich kleine Büsche und Sträucher ragten vereinzelt aus dem schier unendlichen Grasteppich. Wenngleich die Landschaft an sich atemberaubend schön war, fühlte sich Bao doch recht unbehaglich in der unvertrauten Umgebung – so ein weites Grasland hatte er noch nie gesehen. Das war nichts für Pandas. Und doch war er fest entschlossen, seine Reise fortzusetzen. In freudiger Erwartung des Unbekannten klopfte sein Herz aufgeregt, und schnell war seine Unsicherheit vergessen.

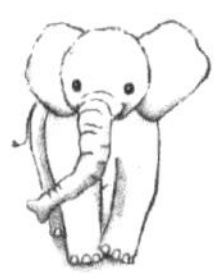

Bao machte es sich nach einer Zeit des Wanderns gemütlich und kaute an ein paar Gräsern, denn er hatte noch nicht gefrühstückt. Er genoss das warme, goldene Licht der morgendlichen Sonne, als er plötzlich einen Berg auf sich zukommen sah. Seltsam – seit wann konnten Berge wandern? Als er genauer hinsah, musste Bao über sich selber lachen. Was wie ein Berg aussah, war ein riesengroßes, graues Wesen, das schließlich genau vor ihm stehen blieb. Von ganz weit oben blickten gütige Augen auf ihn herab. Ein langer Rüssel bewegte sich vorsichtig schnüffelnd auf Bao zu. Dann erklang eine unglaublich tiefe Stimme, die den Boden erzittern ließ:

»Nanu – wer bist denn du? Hmmm – ein wenig siehst du aus wie ein Bär, aber für einen Bären bist du eigentlich zu klein ... Und irgendwas stimmt mit deinen Farben nicht. Je nun, ist ja auch egal. Ich bin jedenfalls Askari, der Elefant.«

Ah! So also sahen Elefanten aus. Baos Großmutter hatte ihm schon einmal von diesen alten, weisen und mächtigen Wesen erzählt. Aber noch nie hatte Bao einen leibhaftigen Elefanten mit eigenen Augen gesehen. Askari war eine beeindruckende Erscheinung. Seine faltige Haut erzählte Geschichten von vielen Sonnenauf- und -untergängen, seine sanften Augen spiegelten Jahrhunderte der Weisheit wider und seine ruhige Haltung vermittelte ein Gefühl von unerschütterlicher Stärke.

»Guten Morgen, Askari«, sagte Bao und verneigte sich. »Ich bin Bao, der Panda. Und falls du dich wunderst, was ich hier auf deinem Land mache: Ich bin nur auf der Durchreise, denn ich suche den Schatz der Achtsamkeit.«

»Oh!«, trompetete Askari und hob seinen Rüssel zum Gruß. »Je nun – du bist höflich, das ist gut. Das gibt es nicht mehr so oft. Und dass du den Schatz der Achtsamkeit entdecken willst, ist sogar noch besser. Auch das gibt es nicht oft. Dabei gibt es wohl kaum einen Weg, der so schnell in die große Freiheit führt, wie den Weg der Achtsamkeit.«

Bao nickte. »Ja, großer Askari, da hast du recht – das glaube ich auch. Auf meiner Reise habe ich schon viel gelernt. Bevor ich hierherkam, habe ich mit dem großen Fluss gesprochen und von ihm gelernt, dass alles im Wandel ist und dass man sich verändern und dabei doch man selbst bleiben kann.«

»Oh ja!«, sprach Askari. »Der alte Fluss ist sehr weise. Da hattest du großes Glück, dass du von ihm lernen durftest.

Lernen ist wichtig, weißt du. Ständiges Lernen ist ebenfalls wie ein Fluss, Bao. Es fließt ohne Unterbrechung, ändert seinen Kurs und findet doch immer einen Weg. Wenn du achtsam leben willst, solltest du bereit sein, ständig zu wachsen; und du solltest offen dafür sein, immer wieder Neues zu lernen.«

Bao nahm die Worte Askaris tief in sich auf. »Über das Lernen habe ich mir ehrlich gesagt noch gar keine Gedanken gemacht«, sagte er. »Zwar habe ich schon viele wertvolle Dinge auf meiner Reise gelernt, aber über das Lernen selbst habe ich bisher nichts gelernt. Aber ... was ist es denn eigentlich, was ich lernen muss, um achtsam zu sein?«

Askari gab ein tiefes, grollendes Geräusch von sich, das Bao zuerst erschreckte, bis er merkte, dass der Elefant sich vor Lachen schüttelte. »Du musst gar nichts, guter Bao. Es geht nicht darum, sich einen Lehrplan aufzustellen oder sich anzustrengen. Du musst nicht zwanghaft etwas Besonderes lernen, um achtsam zu sein – es ist vielmehr umgekehrt: Sobald du achtsam bist, geschieht Lernen ganz von selbst. Doch eines ist ganz wichtig und mit der Achtsamkeit verwandt: Neugierde. Die Neugier, Bao, ist wie ein Feuer. Es wärmt dich, es beleuchtet deinen Weg, es treibt dich an und schenkt dir neue Erfahrungen. Lass dein Feuer niemals erlöschen – lass dich vom Feuer deiner Neugierde leiten.«

Bao überlegte. Er erinnerte sich an die vielen Momente, in denen seine Neugier ihn angetrieben hatte, neue Dinge zu

erkunden und zu lernen. War es letztlich nicht auch die Neugier, die ihn nach dem Schatz der Achtsamkeit suchen ließ? Ja – der Elefant hatte vollkommen recht. Wie das Feuer die Dunkelheit erhellte, so hatte seine Neugier das Unbekannte in seinem Leben erhellt und ihm geholfen, sein Wissen und Verständnis zu erweitern. Und zweifellos hatte ihm die Neugier auch zu ein wenig Weisheit verholfen.

»Ein offener Geist, Bao, ist wie der Himmel«, fuhr Askari fort. »Er hat keinen Rand, er hält nichts fest. Auch du kannst wie der Himmel sein – frei und unendlich.«

Bao sah hinauf in den endlosen Himmel. Er stellte sich seinen Geist als ebenso endlosen Raum vor, in dem Ideen und Wissen frei fliegen konnten. Askaris Worte hatten ein wahres Feuerwerk in seiner Seele entzündet, und es fiel Bao wie Schuppen von den Augen: Ein offener Geist bedeutete Freiheit – Freiheit von vorgefassten Meinungen und alten Gewohnheiten, Freiheit, neue Ideen zu erforschen und anzunehmen. Und genau diese Freiheit war es, nach der er tief in seinem Innersten schon so lange suchte.

Als hätte Askari seine Gedanken gelesen, sprach er: »Je nun – gewiss bist du nun neugierig, kleiner Bao, wie Wissbegierde und Achtsamkeit genau zusammenhängen. Sieh: Ohne Achtsamkeit ist Wissbegierde schwach. Wenn du die Welt nur oberflächlich wahrnimmst, weil du nicht gelernt hast, tief zu schauen, dann bist du nicht offen dafür, Neues zu lernen. Und auf der anderen Seite fehlt es der Achtsamkeit an Kraft, wenn die Neugier erloschen ist, denn dann sind die Tore deines Geistes verschlossen. Achtsamkeit und Neugier sind wie Schwestern. Und sie haben auch einen Bruder: Geduld. Geduld ist wie ein Baum, Bao. Er wächst langsam, aber stetig – und so erinnert er seine Schwestern daran, dass

Wachstum viel Zeit braucht. Sei wie dieser Baum, stark und geduldig.«

Bao fiel der gewaltige Bambusbaum wieder ein, dem er auf seiner Reise begegnet war. Er musste daran denken, wie unglaublich viele Jahre er wohl gebraucht hatte, um seine jetzige Größe zu erreichen. Die Geduld zu haben, die er brauchte, um zu warten, zu lernen und zu wachsen – das war es, was Bao in sich selbst kultivieren wollte.

Lange noch unterhielten sich Bao und Askari und je länger die beiden miteinander sprachen, desto offenkundiger wurde es für Bao, dass es nicht nur wichtig, sondern auch möglich war, die Welt um sich herum aus einer neuen Perspektive zu betrachten. Jede Weisheit, die der alte Elefant mit ihm teilte, öffnete in seinem Herzen eine weitere Tür zu einem tieferen Verständnis über das Wunder der Achtsamkeit. Bao erkannte, dass die ständige Suche nach Wissen und die Bereitschaft, sich zu verändern und zu wachsen, ebenso wichtig waren wie Geduld und ein offener, achtsamer Geist.

Noch einige Tage verbrachte Bao gemeinsam mit Askari im weiten Grasland. Dann aber spürte er, dass es wieder Zeit wurde weiterzuziehen – voller Neugierde auf das, was er wohl noch lernen würde. Mit der untergehenden Sonne im Rücken und manch neuen Erkenntnissen in seinem Herzen machte sich Bao auf den Weg, nicht ohne sich zuvor herzlich von seinem großen, grauen, weisen Lehrer Askari zu verabschieden. Er verstand jetzt, dass Wachstum ein Leben lang dauerte und dass Wissen unendlich war. Doch er war bereit, sich dieser Reise geduldig und ohne Eile zu widmen.

Zum Abschied sang Askari ein Lied, das Bao nicht mit den Ohren, sondern mit seinem Herzen und seinem Körper hörte.

»Neugier,
achtsame Flamme,
erleuchtet unbekannte Pfade,
führt zum Wachstum hin.
Entdeckung.«

Bao lauschte den tiefen Vibrationen, die Askaris Stimme auslösten, und machte sich achtsam und voller Neugier auf den Weg zu neuen Abenteuern.

Sich für das Neue öffnen

»Die Neugier, Bao, ist wie ein Feuer. Es wärmt dich, es beleuchtet deinen Weg, es treibt dich an und schenkt dir neue Erfahrungen« – das sagt Askari, der Elefant. Aber ist Neugier denn nicht eher eine negative Eigenschaft?

»Sei nicht so neugierig« ist ein Satz, den Kinder oft zu hören bekommen, wenn sie ihre Näschen in Angelegenheiten stecken, die sie nichts angehen. Auch unter Freunden oder in Beziehungen kann Neugier ganz schön nerven und manchmal sogar Vertrauen zerstören. Neugier im Sinne von Sensationslust oder Indiskretion ist jedenfalls kein schöner Charakterzug. »Negative Neugier« kann dazu führen, dass wir uns viel zu intensiv mit unwichtigen und irrelevanten Informationen beschäftigen. Dann springen wir von einer Info oder Nachricht zur nächsten, lassen uns ständig ablenken und verlieren unseren Blick für das Wesentliche.

Aber es gibt auch die andere Seite der Neugierde, und die spielt eine große Rolle bei der Entdeckung und Entwicklung der Achtsamkeit. Denn ebenso wie »Sensationslust« oder »Indiskretion« ist auch »Interesse« ein anderes Wort für Neugier; und ohne Interesse für das Neue, Unerforschte könnten wir nichts lernen und uns niemals weiterentwickeln.

Was immer du in deinem Leben gelernt und verinnerlicht hast, verdankst du deiner Neugier. Zwar musstest du sicher auch einige Dinge lernen, nicht, weil du es wolltest, sondern weil der Lehrplan deiner Schule es vorgeschrieben hat. Aber ganz ehrlich: Wie viel davon ist wirklich hängen geblieben? Nicht allzu viel, oder?

Die gesunde Neugier dient als treibende Kraft, die dich dazu motiviert, dir neues Wissen anzueignen oder neue Erfahrungen zu machen. Neugier schickt dich auf die Reise, ins Kino, ins Konzert oder lässt dich zu einem bestimmten Buch greifen. Sie motiviert dich, ein Instrument, eine Sprache, Tangotanzen oder indisch Kochen zu lernen.

Aber auch in der Gemeinschaft ist gesunde Neugier wichtig: Wenn du dich nicht für andere Menschen interessierst, wenn du nicht neugierig bist, wie sie leben oder was sie denken und fühlen, wirst du kaum offen für neue Begegnungen sein. Und alte Beziehungen werden ziemlich langweilig, wenn in dir das Feuer der Neugier für den anderen verlischt. Ohne Neugier und Interesse an Menschen und Dingen wird das Leben eintönig und arm.

Neugier und Achtsamkeit

Neugier ist ein wichtiger Aspekt der Achtsamkeit. Achtsam zu sein, bedeutet, wach zu sein. Wenn du achtsam bist, schaust du genau hin. Du wendest dich der Welt und dir selbst aufmerksam zu. Ohne Interesse klappt das natürlich nicht. Wenn die Neugier erlischt, fehlt es der Achtsamkeit an Energie. Darum ist Neugier tatsächlich wie ein Feuer – sie schenkt dir die Kraft, die du brauchst, um den Dingen und dir selbst auf den Grund zu gehen.

Achtsamkeit zielt auf die bewusste Wahrnehmung des gegenwärtigen Augenblicks ab. Aber ohne Interesse und Wissbegier wird es dir kaum möglich sein, deine gegenwärtige Erfahrung offen zu betrachten. Neugier ermöglicht es dir, tief zu tauchen, statt an der Oberfläche zu dümpeln.

»Erforschen« ist ein Aspekt, der in der Achtsamkeitspraxis eine große Rolle spielt. Leider fällt er manchmal ein wenig unter den Tisch. Wer sich nicht schon recht intensiv mit Meditation und/oder Achtsamkeit beschäftigt, wird sich vor allem anfangs auf die Aspekte »Wahrnehmung«, »Gegenwärtigkeit« und vielleicht noch

»Wertfreiheit« beziehungsweise »nicht urteilen« konzentrieren, und das ist ja auch schon eine ganze Menge.

Tatsächlich aber fehlt uns auf dem Weg der Achtsamkeitspraxis etwas Wichtiges, wenn wir den Aspekt des Erforschens »vergessen«. Eine einfache Zusammenfassung der Achtsamkeitsmethode ist nämlich:

1. **DAS HIER UND JETZT WAHRNEHMEN:** Nimm aufmerksam wahr, was hier und jetzt geschieht – was in der Gegenwart in dir oder um dich herum passiert. Schon dieser erste Schritt funktioniert ohne Neugier nicht.
2. **NICHT WERTEN:** Was immer du im Moment wahrnehmen kannst – lass es so sein, wie es ist. Bewerte es nicht – verurteile es nicht. Akzeptiere das Leben so, wie es ist.
3. **ERFORSCHEN:** Beobachte, wie sich deine Erfahrung auf dich auswirkt. Erforsche beispielsweise, inwiefern sich deine Gedanken auf deine Gefühle oder wie sich deine Gefühle auf deinen Körper auswirken. Auch dieser Schritt gelingt dir nur, wenn du aufgeschlossen und neugierig bist.

Das Neue im Alten entdecken

Im Zen ist oft vom Anfängergeist die Rede. »Anfängergeist« beschreibt den Blickwinkel des Menschen, der noch offen und neugierig ist und der Welt wie ein Kind begegnet. Für den, der schon alles weiß, gibt es nichts Neues mehr, was er noch lernen könnte. Und das kann ganz schön langweilig werden. Für den Forscher oder die Forscherin wird es hingegen nie langweilig.

Achtsamkeit und Neugierde sind gute Heilmittel gegen Routine, Eintönigkeit und Langeweile. Wenn du dich dafür entscheidest, achtsam zu leben, entscheidest du dich dafür, ständig zu wachsen und immer wieder neue Erfahrungen zu sammeln. Langeweile ist ein Mangel an Präsenz – ein Zustand der Unachtsamkeit und fehlender Neugier. Was allerdings nicht heißt, dass du nicht auch diesen Zustand achtsam beobachten kannst. Dann kann Langeweile ziemlich spannend werden: »Wie fühlt sich Langeweile an? Worüber denke ich nach, wenn mir langweilig ist? Gehen meine Gedanken auf Reisen – fange ich an zu grübeln und erzeuge dadurch Unzufriedenheit? Und welche Gefühle und Stimmungen gehen mit Langeweile einher?«

Achtsamkeit und Neugierde sind miteinander verbunden. Nutze deine Neugierde, um dich selbst zu erkunden, um mehr über dich selbst, deine Muster und die Gedanken und Emotionen herauszufinden, die dein Leben beeinflussen. Sobald du achtsam bist, geschieht Lernen ganz von allein und du beginnst, zu erkennen, was dir bisher verborgen geblieben ist.

Im Alltag neugierig bleiben

Achtsamkeit kann man gut auf seinem Meditationskissen üben, indem man sich beispielsweise neugierig und offen seinem Atem und seinem Körper zuwendet. Genauso wichtig, wenn nicht sogar noch wichtiger ist es für uns jedoch, Achtsamkeit im Alltag zu üben. Kultiviere deine gesunde Neugier. Entwickle Interesse für die unscheinbaren Dinge in deinem Leben. Nutze Achtsamkeit und Neugier, um das Neue im Alten zu entdecken. Hier sind einige Möglichkeiten:

- **ERFORSCHE DEINEN KÖRPER:** Nimm dir etwas Zeit, schließe die Augen und richte deine Aufmerksamkeit schrittweise erst auf deine Füße und Beine, dann auf den Rücken, den Nacken, deinen Kopf und schließlich auf Brust, Bauch, Arme und Hände. Scanne deinen Körper innerlich langsam ab. Beobachte neugierig, wie sich die unterschiedlichen Körperbereiche anfühlen. Achte auf alle Körperempfindungen wie Wärme, Kühle, Kribbeln, Schmerzen, Pulsieren, An- und Entspannung.

- **ACHTSAM ESSEN:** Wenn du isst, dann mach das Essen zu deiner Achtsamkeitsübung. Nimm dir genug Zeit, die Speisen anzuschauen, lenke deine Aufmerksamkeit auf den Geschmack und erforsche die verschiedenen Aromen deiner Mahlzeit. Bleib wach und neugierig bei der Erfahrung des Essens.

ANDEREN MENSCHEN OFFEN BEGEGNEN: Wenn du eine Freundin, einen Freund, Kollegen oder Familienangehörigen triffst, dann versuche mal, ganz achtsam zu bleiben. Denke nicht: »Die/den kenne ich eh schon.« Lass alle Schubladen geschlossen – stecke niemanden hinein. Ebenso wie du ist jeder Mensch, den du triffst, ein sehr komplexes, unergründliches Wesen. Bleib interessiert, hör gut zu, frag nach, schau genau hin und entdecke das Neue, Unbekannte im vermeintlich Bekannten.

ACHTSAM GEHEN: Manche Wege gehen wir fast täglich – zum Beispiel den Weg zur Arbeit oder zum Supermarkt. Die Routine führt dann meist dazu, dass wir verlernen, zu sehen und zu spüren. Richte deine Achtsamkeit auf die Gegenwart, indem du dich umschaust und neugierig bleibst. Zweifellos gibt es vieles, was du übersiehst, wenn du ausgetretene Pfade beschreitest – vielleicht das Wetter, die Blumen am Straßenrand, die Farben der Bäume, den Himmel. Du spürst auch kaum die Schritte, die du gehst. Bleib offen für dein Leben. Bleib achtsam auf deinem Weg und du wirst reich beschenkt werden.

FÜHRE EIN NEUGIER-TAGEBUCH: Schreib dir täglich einige Stichpunkte auf: Welche Fragen haben dich beschäftigt? Was hat dich zum Nachdenken angeregt? Was hat dich inspiriert? Hast du neue Erkenntnisse gewonnen oder Dinge entdeckt, die du bisher übersehen hast? Indem du deine neugierigen Gedanken festhältst, kannst du Muster erkennen und dein Interesse im Alltag wecken.

Am Rande des Graslandes gelangte Bao an einen lichten Wald. Noch einmal blickte er zurück und sah in der Ferne die großen grauen Leiber von Elefanten. Vielleicht war das ja Askaris Familie ... Obwohl er wusste, dass sie ihn aus dieser Entfernung nicht sehen konnten, winkte er ihnen zu. Dann setzte er sich nieder, erinnerte sich an die Worte Askaris und beschrieb ein neues Blatt für seine Bambusblattbibliothek.

Aus Baos Bambusblattbibliothek

In jedem Moment verbirgt sich eine Lektion, in jedem Gedanken eine Weisheit und in jedem Atemzug eine Chance, dich selbst besser zu verstehen und dich neu kennenzulernen.

Neugier öffnet dir die Tür zu neuen Erfahrungen und weitet deinen Horizont. Sie ist wie ein wärmendes Feuer, das deinen Weg beleuchtet und dich antreibt.

Lebe achtsam und öffne dich immer wieder für neue Erfahrungen – aber bewahre die Geduld, denn sie gibt dir die Kraft, um warten und in Ruhe wachsen und lernen zu können.

Achtsamkeit ist der Kompass, der dich durch das Labyrinth des Lebens führt. Aber Neugier ist die Glocke, die deinen Geist aufweckt und dich dazu einlädt, das Tor zur Weisheit zu öffnen.

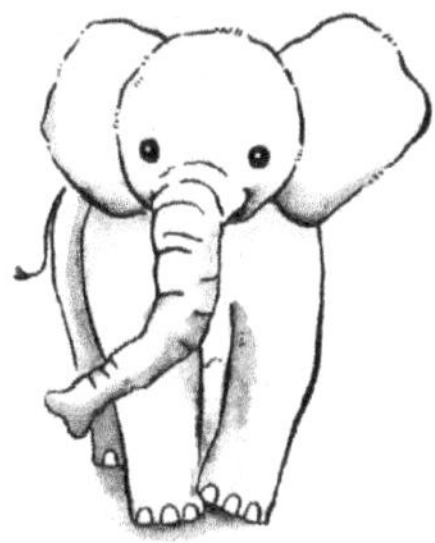

Der Zauber der Nachtigall

Im silbernen Schimmer des Mondlichts wanderte Bao durch den sanft flüsternden Laubwald. Da er sich innerlich von aller Eile und allem Zwang befreit hatte, war sein Geist ruhig und friedvoll. Neugierig auf alles, was es auf seiner Reise wahrzunehmen gab, öffnete Bao seine Sinne und sein Herz. Da hörte er in der Ferne, ganz leise, ein Lied – eine bezaubernde Melodie, die die nächtliche Stille durchdrang. Woher dieser himmlische Klang wohl kam? Bao folgte der Melodie tief in den Wald hinein, bis er auf eine Nachtigall traf, die auf einem zarten Zweig saß und selbstvergessen ihr Lied sang. Im Glanz des Mondlichts glänzte ihr Gefieder wie Silber.

»Verzeihung, kleiner Vogel«, flüsterte Bao andächtig und blickte in den Nachthimmel. »Dein Lied ist so wunderschön, dass es selbst die Sterne zu verzaubern scheint. Darf ich wissen, wer du bist? Ich bin Bao, der Pandabär – und ich übe mich in der Kunst der Achtsamkeit. Achtsam gehen, achtsam sehen, achtsam hören …« Bao lächelte: »Nun ja, um dich zu finden, hat es freilich nicht viel Achtsamkeit gebraucht, denn dein wundervoller Gesang ist kaum zu überhören.«

Die Nachtigall hielt inne, wandte sich Bao freundlich zu und antwortete: »Ein Bär, der sich in Achtsamkeit übt? Wie schön. Ich bin Ying, die Nachtigall. Und das Lied, dessen Klang dich zu mir geführt hat, ist das Lied der Nacht.«

Bao schaute die Nachtigall lange nachdenklich an. Schließlich flüsterte er: »Ying – ich glaube, ich weiß, warum dein Gesang alle Herzen verzaubern kann. Das liegt wohl daran, weil du beim Singen völlig in den Augenblick eintauchst. Mir scheint, dass du dich dabei vollkommen von allem befreist, was nicht in der Gegenwart ist. Aber sag, wie gelingt dir das nur?«

Ying lächelte und entgegnete: »Bao, du weißt doch sicher längst, dass Gegenwärtigkeit der erste und wichtigste Schritt auf dem Weg zur Achtsamkeit ist, nicht wahr?«

Bao ließ den Kopf sinken: »Ach ja – natürlich weiß ich das, und es hört sich auch so einfach an. Und doch gelingt es mir leider nur gelegentlich. Ständig springt mein Geist herum, schmiedet Pläne, reist in die Erinnerung, sorgt sich um die Zukunft. Wie kann ich nur lernen, ganz im Moment zu sein, Ying?«

»Vielleicht solltest du beginnen zu singen«, lachte Ying.

»Singen? Oh weh – ich glaube nicht, dass irgendjemand Freude daran hätte, einem Panda beim Singen zuzuhören. Viel mehr als ein Brummen kann ich leider nicht anbieten.«

»Na ja – das war auch nicht ganz ernst gemeint, Bao. Jeder sollte tun, was er am besten kann: Vögel fliegen, Fische schwimmen, Nachtigallen singen und Pandas brummen eben. Aber auch wenn du nicht brummst, atmest du. Lass deinen Atem zu deinem Gesang werden. So, wie ich mich vollkommen dem Singen hingebe, kannst du dich vollkommen deinem Atem hingeben. Dies ist ein wunderbarer Weg in die Gegenwart.«

»Und ein lautloser, der andere nicht stört, noch dazu«, lachte Bao.

»Ach – was die anderen denken, ist nicht so wichtig. Wichtig ist nur, dass du dich jedem Atemzug vollständig hingibst – dass du den gegenwärtigen Moment voll

auskostest, denn nichts anderes ist Achtsamkeit. Was immer du tust, gib dich ihm bedingungslos hin. Wenn du isst, dann iss. Wenn du läufst, lauf. Und wenn du brummst, dann brumme aus ganzem Herzen.«

Bao nickte, und ein breites Lächeln erschien auf seinem Gesicht: »Ja, das verstehe ich. Dass ich ganz achtsam im Tun sein sollte, wurde mir schon von einigen meiner Lehrmeister gesagt. Nur gelingt es mir leider nicht oft. Ich mache wohl zu viele Fehler.«

»Ach wo, Bao«, sang die Nachtigall. »Fehler sind kein Problem. Das Problem entsteht erst, wenn du deine Fehler ablehnst. Fehler sind keine Hindernisse, sie sind Lektionen. Wann immer dir etwas misslingt und wann immer du stolperst, liegt darin eine neue Chance, zu wachsen und zu lernen.«

Bao runzelte die Stirn. »Meinst du damit, dass meine Fehler gut sind? Das verstehe ich nicht.«

»Letztlich ist das, was du ›Fehler‹ nennst, nur ein Gedanke – eine Illusion. Es ist nicht nötig, deine Erfahrungen in ›gut‹ oder ›schlecht‹ aufzuteilen. Singe, wenn du singen willst, brumme, wenn du brummen willst, aber zerbrich dir dabei nicht den Kopf über ›richtig‹ oder ›falsch‹, denn dann verpasst du den Zauber des Jetzt. Erst, wenn du aufhörst, über Fehler nachzudenken, wird es dir möglich, dich wirklich hinzugeben. Und darin liegt der Schlüssel zur Dankbarkeit. Dankbar zu sein für jeden Moment, für jedes Geschenk, das das Leben dir bietet, das ist der schönste Pfad zu innerem Frieden.«

Eine Weile war Bao ganz in sich selbst versunken. Dann sprach er: »Ich glaube, ich weiß, was du meinst. Aber eines ist mir noch unklar: Wie kann ich es schaffen, meinen Geist auf das Schöne zu lenken und die Kraft der Dankbarkeit zu spüren?«

»Du machst es dir zu schwer, kleiner Bär«, sang Ying. »Du musst nichts ›schaffen‹. Alles, was du tun ›musst‹, ist aufzuwachen. Öffne deine Augen, öffne deine Ohren und dein Herz. Wenn du achtsam lebst, wird dich die Achtsamkeit zur Liebe führen. Die Liebe für dich selbst und für alle Wesen um dich herum ist die süßeste Melodie, die das Leben singen kann.«

In Baos Innerem loderte eine zarte Glut auf. Er sah Ying an und hoffte, sie würde noch weitersprechen. Er fühlte, dass ihre Worte ihn auf den Weg zur Wahrheit führten.

Mit einer Stimme, so beruhigend wie das leise Rauschen des Waldes, sprach Ying: »Es ist ganz natürlich, dass dein Geist wandert, Bao. So ist unser Geist eben. Die Kunst liegt darin, ihn behutsam in das Hier und Jetzt zurückzuholen. Das einzig Schwierige daran ist, dass du das immer wieder machen musst – und zwar so lange, bis es ganz leicht wird. Und am besten fängst du damit an, dass du deine Aufmerksamkeit sanft auf deinen Atem lenkst.«

Bao nickte. Er kannte diese Übung nur zu gut. Doch er wusste auch, wie wichtig es war, jedes Mal wieder ganz von vorn anzufangen – den Atem immer aufs Neue mit einem unverbrauchten, offenen und neugierigen Geist zu beobachten. Und so versenkte Bao sich in das Kommen und Gehen seines Atems und ließ alles Wollen los. Schon bald spürte er, wie es in ihm ruhiger wurde.

Nachdenklich blickte er ins Leere. In seinem Leben hat-

te er wahrlich schon viele Fehler gemacht, war schon so manches Mal gestolpert. Doch nun verstand er, dass diese Stolpersteine allesamt Schritte auf seinem Weg zur Weisheit gewesen waren. Und waren so gesehen nicht auch seine Fehler und Missgeschicke ein guter Grund, dankbar zu sein? Baos Augen begannen zu strahlen.

»Ich sehe dir an, dass du zu erkennen beginnst«, sagte Ying schließlich. »Achtsamkeit, Hingabe und Dankbarkeit sind nicht voneinander getrennt. Sie alle sind Teil des größten aller Geheimnisse – der Liebe.«

Zum Abschied sang Ying:

»Mondlicht,
nächtlicher Kuss,
flüstert sanfte Weisheiten,
singt Liebe und Dankbarkeit,
hingebungsvoll.«

Damit flog die Nachtigall davon, doch Bao hörte sie noch lange in der Ferne singen.

Die nächsten Tage verbrachte er damit, über die Weisheiten zu meditieren, die Ying mit ihm geteilt hatte. Er übte sich darin, seinem Atem zu folgen. Auch achtete er darauf, alles, was er tat, mit Hingabe zu tun. Und so entwickelte Bao schließlich eine tiefe Dankbarkeit für die kleinen Freuden, die sich auch in den unscheinbarsten Momenten verbargen.

Dankbarkeit und Liebe wurden zu einer sanften Melodie, die durch sein Leben strömte. Und wann immer ihn seine Gedanken und Vorstellungen in die Zukunft oder Vergangenheit entführen wollten, ließ sich Bao von seinem Atem wieder zum Hier und Jetzt begleiten – dem einzigen Ort, an dem er wirklich mit sich selbst und seinem Leben verbunden war.

Bedingungslos Ja zum Leben sagen

Wenn du mit ganzem Herzen bei dem bist, was du tust, dann weißt du, was Hingabe ist. Tief in die Gegenwart des Augenblicks einzutauchen, ohne etwas zurückzuhalten, ohne zu zögern – das ist die Kunst, bedingungslos Ja zum Leben zu sagen. Und aus dieser Hingabe erwachsen Vertrauen, Freude und Erfüllung. Doch wie wir ja alle wissen, gibt es nur sehr wenige Menschen, die diese Kunst beherrschen oder sie auch nur zu erlernen bereit sind. Die meisten von uns laufen zögerlich und mit angezogener Handbremse durchs Leben: »Soll ich, oder soll ich nicht? Mal sehen … weiß nicht so recht …«

Welcher Teil in uns ist es eigentlich, der diese Gedanken denkt und uns zurückhält, unser Leben in seiner ganzen Fülle zu leben? Es sind unsere Angst, unsere Unsicherheit, unser abwägender, zögernder Verstand und manches Mal wohl auch unsere Bequemlichkeit.

Wenn wir an Leidenschaft oder wahre Hingabe denken, denken wir meist an Künstler – Malerinnen, Komponisten, große Musikerinnen. Oder auch an Wissenschaftler oder Sportlerinnen – jedenfalls eher an außergewöhnliche Menschen, die durch ihre Leistungen hervorstechen. Tatsächlich ermöglicht Hingabe zwar außergewöhnliche Erfolge – nichtsdestotrotz sind Begeisterung, Hingabe und Leidenschaft aber ganz normale menschliche Eigenschaften, die jeder von uns erfährt oder zumindest irgendwann erfahren hat. Zudem Eigenschaften, die wir, wenn nötig, auch jederzeit wiedererwecken können.

Es gibt verschiedene Möglichkeiten, deine Hingabe neu erblühen zu lassen. Und das empfiehlt sich vor allem dann, wenn du das Gefühl hast, dass dein Leben ein bisschen oberflächlich, langweilig oder »lauwarm« geworden ist. Du kannst dich zum Beispiel einem Menschen, den du liebst, vollkommen hingeben. Du kannst ihm deine tiefe Zuneigung schenken und Zeit und Energie in die Beziehung oder in Fürsorge und Pflege investieren, falls dieser Mensch deine Hilfe braucht. Auch deine Arbeit bietet mehr Chancen, als du vielleicht glaubst, dich leidenschaftlich einzusetzen, dich fortzubilden und deine Ziele hingebungsvoll zu verfolgen, statt zu hadern, dich als Opfer zu fühlen und das, was du tust, bestenfalls halbherzig zu tun. Kreativität, Spiritualität und Persönlichkeitsentwicklung sind weitere Möglichkeiten, das Ja in dir zu wecken, dein Leben selbst zu gestalten und es bedingungslos zu umarmen.

Der Weg der Hingabe führt über die Achtsamkeit. Durch Achtsamkeit lernst du, dich ganz auf die Gegenwart zu konzentrieren und voll da zu sein. Hingabe erfordert dein ganzes Wesen – und voll da zu sein, ist dafür die Voraussetzung. Hingabe ist eine besonders intensive Form der Achtsamkeit – eine Haltung, die es dir ermöglicht, dich deinem Leben und deinem spirituellen Weg mit ganzem Herzen, mit Körper und Seele zu widmen.

Das Entscheidende dabei ist dein Fokus: Erst wenn du deinen Fokus bewusst auf deine Erfahrung, dein Tun, auf eine Sache oder einen Menschen richtest, kannst du all das hinter dir lassen, was deine Hingabe stört. Zum Beispiel Sorgen, Bedenken, Zweifel oder Trägheit.

Ganz einzutauchen und sich in jedem Tun vollkommen hinzugeben, das ist der Weg, der zu innerer Freiheit führt. Es ist nicht wichtig, was du tust. Um Hingabe zu entwickeln, kommt es nur auf das *Wie* an. Warte nicht auf das Besondere. Warte nicht darauf, dass dich die Muse küsst, dass du eine umwerfende erotische Begegnung oder eine tiefgreifende Inspiration hast oder sonst irgendetwas Großartiges geschieht, das deine Leidenschaft entfachen wird. Entwickle Hingabe, während du deine Schuhe putzt, aus dem Zugfenster schaust und die Landschaft betrachtest oder mit deiner Freundin telefonierst. Gib dich hin, während du ganz normale, sogenannte banale Dinge tust. Vertraue in deinen Weg. Vertraue darauf, dass du Gelassenheit, Erfüllung und inneren Frieden finden wirst, wenn du die Kraft der Achtsamkeit schrittweise in dir entfaltest und mit ganzem Herzen lebst. Deine Bereitschaft, dich auf diesen Weg einzulassen, ist für die Entwicklung wahrer Hingabe entscheidend.

Die Hingabe, über die wir hier sprechen, hat natürlich nichts mit Hörigkeit oder Unterwerfung zu tun. Es ist eine selbstbestimmte Hingabe, die von liebevoller Achtsamkeit geprägt ist. Liebevolle Achtsamkeit ermöglicht es dir, dich mit klarem Bewusstsein und freudigem Herzen dem zu widmen, was du tust. Wenn du Hingabe im Sinne dieser liebevollen Achtsamkeit in dir zum Leben erweckst, wird dir das dauerhaft ein Gefühl von Erfüllung und Zufriedenheit schenken.

Dankbarkeit ist dann die natürliche Folge – sie wird sich von selbst einstellen. Und Dankbarkeit ist eine starke Kraft, die in kürzester Zeit große Veränderungen bewirkt. Sie erlöst uns aus der Illusion, Opfer der Umstände zu sein. Sie schützt uns vor Unzufriedenheit und davor, unsere kostbare Zeit mit Jammern und Hadern zu verschwenden. Und Dankbarkeit vermag noch mehr, denn sie kann sogar Sorgen, Selbstzweifel und Depressionen auflösen oder zumindest lindern. In der Psychotherapie versucht man daher zunehmend, Dankbarkeit gezielt zu entwickeln – insbesondere durch die Verwendung von Dankbarkeitstagebüchern. Das Ganze funktioniert recht gut. Die Patientinnen und Patienten berichten von erstaunlichen Veränderungen – von einer neuen Sichtweise, die sie zufriedener und glücklicher macht.

Letztlich sind Achtsamkeit, Hingabe und Dankbarkeit nicht voneinander zu trennen. Das eine ergibt sich auf natürliche Weise aus dem anderen. Wenn du Achtsamkeit praktizierst, deinen Geist zur Ruhe bringst und ihn mehr und mehr auf das Wesentliche und Schöne in deinem Leben lenkst, brauchst du gar nicht über Dankbarkeit nachzudenken – sie wird ganz von selbst erblühen.

Aber natürlich kannst du trotzdem ein wenig nachhelfen und das Gefühl der Dankbarkeit in dir festigen. Beispielsweise dadurch, dass du

- dir regelmäßig Zeit nimmst, um den Menschen in deinem Leben zu sagen, wofür du dankbar bist. Dankbarkeit in Worte zu kleiden und diese Worte auch auszusprechen, stärkt die eigene Wertschätzung und hat positive Auswirkungen auf deine Beziehungen.

- dich an all die schönen und beglückenden Erfahrungen und Begegnungen aus deiner Vergangenheit erinnerst und dir die positiven Aspekte deines Lebens bewusst machst.

- in der Meditation Dinge visualisiert, für die du dankbar bist.

- ein kleines Dankbarkeitstagebuch führst. Das muss überhaupt nicht aufwendig sein. Schreib dir einfach vor dem Einschlafen fünf Stichpunkte auf: kleine Erlebnisse, schöne Begegnungen oder angenehme Erfahrungen, für die du dankbar bist.

Meditation: Hingabe und Dankbarkeit

- Nimm dir kurz etwas Zeit für dich. Setz dich an einen ruhigen Ort, schließ die Augen und finde eine bequeme Sitzposition. Atme einige Male tief durch, um dich zu entspannen.

- Lenke deine Achtsamkeit zunächst auf deinen Atem. Spüre das Ein- und Ausatmen, ohne es zu beeinflussen. Lass alle ablenkenden Gedanken los und komm ganz im Augenblick an.

- Denk nun über Dinge nach, die dir in deinem Leben besonders wichtig sind. Gibt es Bereiche, in denen du dich ganz hingeben kannst? Und gibt es auch Bereiche, in denen du dich mehr hingeben könntest? Versuche verschiedene Situationen zu visualisieren. Scanne deine Lebensbereiche innerlich kurz ab – deine Beziehungen, die Familie, die Arbeit, deine Interessen, Freunde ... Stell dir vor, was sich verändern würde, wenn du dich einigen dieser Bereiche mit Herz und Seele widmen würdest ...

- Richte deine Gedanken und deine Vorstellung nun auf all das, wofür du dankbar sein kannst. Auf die Dinge, die in deiner Vergangenheit gut gelaufen sind, auf angenehme Erfahrungen und all die Faktoren und Menschen, die dir geholfen haben, den Weg zu erkennen, der dich von negativen Mustern, Sorgen und Ängsten befreien kann.

Mach dir noch einmal kurz deinen Körper und deine Haltung bewusst, um die Meditation zu beenden. Spüre die Schwere deines Körpers und das Getragensein. Atme dann dreimal tief ein und aus und öffne die Augen.

Lange lief Bao ziellos durch den Wald, bis der nächste Abend anbrach. Er sehnte sich danach, Ying noch einmal singen zu hören, aber ihr Lied war in der Ferne verklungen. Und doch war sein Herz voller Dankbarkeit, voller Freude darüber, dass er Ying begegnet war und von ihr gelernt hatte. Er war dankbar für ihr Lied, das in seinem Herzen nachklang. Als er an eine Lichtung kam, ließ er sich nieder und schrieb im letzten Licht des Tages ein paar Zeilen auf ein Blatt seiner Bambusblattbibliothek.

Aus Baos Bambusblattbibliothek

Achtsamkeit ermöglicht Dankbarkeit. Achtsamkeit ermöglicht Hingabe. Gemeinsam aber führen Achtsamkeit, Dankbarkeit und Hingabe zum größten aller Geheimnisse – der Liebe.

Das Leben ist wie eine Melodie, doch ihre Schönheit offenbart sich erst, wenn du jedem Ton, jeder Note mit ganzem Herzen lauscht.

Fehler sind kein Problem, wenn du keines daraus machst. Fehler und Missgeschicke sind notwendig, denn erst sie ermöglichen inneres Wachstum.

Ganz einzutauchen – sich vollkommen hinzugeben, ganz gleich ob beim Singen, Atmen oder mitten in jedem Tun: Das ist der Weg, den Geist im Jetzt zu verankern und innere Freiheit zu erlangen.

Die Weisheit des Raben

Bao hatte die Begegnung mit Ying, der Nachtigall, tief beeindruckt. Dem Leben gegenüber Dankbarkeit zu empfinden und hingebungsvoll in das Sein einzutauchen – das waren zweifellos großartige Möglichkeiten, dem Schatz der Achtsamkeit näherzukommen. Und doch war da noch etwas … Obwohl Bao schon so viel gelernt hatte, spürte er, dass er das Wunder der Achtsamkeit noch nicht vollkommen erfasst hatte. Ob er sein Ziel wohl noch erreichen würde? Während er flussabwärts wanderte, versuchte er, sich von seinen Erwartungen und Vorstellungen zu befreien. Wie das Wasser wollte er sein – wie der weise alte Fluss, an dessen Ufer er bedächtig entlanglief.

Der Wind, der durch die Bäume wehte, wurde kräftiger. Er trug einen salzigen Geruch von der nahen Küste heran und die Luft, die Bao um die Nase strich, fühlte sich mit einem Mal frischer an. Bao blieb stehen und lauschte gespannt. In das Rauschen der Blätter mischte sich ein anderes, fernes Rauschen. Und da war noch etwas … ein Plätschern – das Plätschern der Wellen, die gegen Felsen schlugen. Baos Herz begann vor Aufregung schneller zu schlagen. Das Meer war nicht mehr weit!

Als Bao schließlich an den felsigen Strand gelangte, staunte er über die schier unendliche Weite des Ozeans. Er lauschte dem Rauschen der Wellen und erkannte, dass jeder Moment ein wenig anders war als der vorangegangene. Auch wenn das Meeresrauschen gleichmäßig klang, so war doch jede Welle, die sich am Ufer brach, eine neue, die eine andere Botschaft mit sich trug.

Ehrfürchtig saß Bao auf einem Felsen, der tief ins Meer ragte, und war ganz in den Anblick und den Klang des Ozeans versunken, als er auf einmal eine raue Stimme vernahm. Bao sah sich erschreckt um. Da bemerkte er einen alten Raben, der stolz auf einem felsigen Vorsprung thronte. Der Rabe neigte den Kopf und fixierte Bao interessiert. Seine dunklen, unergründlichen Augen strahlten eine tiefe Ruhe und Autorität aus, die Bao in seinen Bann zogen. Er sah sofort, dass dies kein gewöhnlicher Rabe, sondern ein ganz besonderes, ja geradezu heiliges Wesen war. Er spürte eine sonderbare Nähe zu dem seltsamen Rabenvogel und ahnte, dass es wohl sein nächster Lehrer sein würde.

»Hallo«, sagte Bao ehrfürchtig, doch seine Stimme verklang im Rauschen der Brandung. Da der Rabe nicht reagierte, wurde er etwas lauter und sprach: »Ich bin Bao, der Panda. Und wie heißt du?«

Der Rabe legte seinen Kopf zur Seite und sah Bao mit funkelnden Augen an. »Ich bin Corax, der Bote des geistigen Raums.«

»Des geistigen Raums? Das verstehe ich nicht«, antwortete Bao.

»Dann sag ich es gern etwas einfacher«, sprach der Rabe, hüpfte auf Bao zu und schien zu lächeln: »Ich lehre, wie man sich mit der Weite verbindet.«

»Oh – da hast du dir ja den richtigen Ort ausgesucht«, sagte Bao und blickte über das tiefblaue Meer bis zum unendlich weiten Horizont.

»Das stimmt, Bao – ich liebe diesen Ort und diese offene Weite. Allerdings ist offene Weite keine Frage des Ortes, an dem wir uns befinden. Tief in unserem Inneren können wir sie sogar auf sehr begrenztem Raum erfahren.«

Bao war fasziniert. »Corax – so ähnlich habe ich das schon von Kantha, der Eule, gehört. Aber vielleicht kannst du mir ja noch etwas mehr über diese Weite erzählen, denn das interessiert mich sehr.«

Der alte Rabe nickte bedächtig. »Wie du eben am Ufer gesessen und gelauscht hast – da warst du schon ganz nah dran. Die Stille, musst du wissen, ist die Verbündete der Weite. Und der Weg, der es dir ermöglicht, innere Stille und innere Weite zu erfahren, ist der Weg der Meditation.«

Mit der Kunst der Meditation beschäftigte sich Bao an sich schon seit Langem. Aber er hatte das Gefühl, dass er von Corax doch noch einiges lernen konnte. »Kannst du mir zeigen, wie ich diese innere Weite erfahren kann?«, fragte er.

»Ich kann es versuchen«, krächzte der Rabe. »Ich kann dir die Richtung weisen – doch gehen musst du den Weg ganz allein …«

Bao nickte. Er war bereit, sich Corax ganz anzuvertrauen. Und so führte der alte Rabe den kleinen Bären in die Praktiken der Meditation über die Weite und Stille ein. Er lehrte Bao, sich ruhig und aufrecht hinzusetzen und alle Spannungen aus seinem Körper fließen zu lassen. Er lehrte ihn, seinen Atem zu beobachten, seine Gedanken und Gefühle zu beobachten und die Unruhen des Geistes loszulassen – so lange, bis der Raum in seinem Geist sich immer mehr ausweitete. Obwohl Bao bereits einige Erfahrung mit der Meditation hatte, war die Art und Weise, wie Corax ihn anleitete, sehr neu für ihn.

»Denke immer daran, Bao«, sagte Corax, »die wahre Kunst des Lebens liegt nicht im Streben, sondern im Akzeptieren. Und für die Meditation gilt genau das gleiche. Lerne, jeden Moment so zu nehmen, wie er ist – von Augenblick zu Augenblick.«

Bao nahm sich Corax' Worte zu Herzen und übte unter der Anleitung des Raben, sich mit der Weite in seiner Seele zu vereinigen. Mit geschlossenen Augen fühlte er, wie der Wind seine Gedanken sanft davontrug und eine tiefe Ruhe über ihn kam. Er sah, wie sein Geist klarer wurde, als er sich auf den unendlichen Raum ausrichtete, der nicht nur um ihn herum, sondern auch in ihm selbst spürbar wurde.

Als der Rabe bemerkte, dass Bao anfing, nervös zu werden, fragte er ihn, was der Grund seiner Unruhe sei. »Ach, Corax – immer wieder falle ich aus dem Zustand der Meditation heraus«, beschwerte sich Bao. »Vorhin hat sich eine Fliege genau auf meine Nase gesetzt. Dann wurde ich von dem Geschrei der Möwen gestört. Vor allem aber tauchen immer wieder Gedanken und Gefühle auf ... Ich bekomme es einfach nicht richtig hin!«

Corax krächzte, und es klang ein wenig wie ein Lachen. »Ach, junger Bao – durch Wollen magst du an manch ein Ziel kommen, doch an das Ziel aller Ziele kommst du nur durch Nicht-Wollen. Meditation ist kein Wettlauf. Wenn Stille entsteht, ist das schön. Und wenn sie nicht entsteht, ist das genauso gut. Achtsamkeit liegt nicht im fanatischen Streben, sondern im Akzeptieren. Jeder Moment ist perfekt, so wie er ist. All deine Erfahrungen spielen sich in der unendlichen Weite des Raums ab, der immer da ist. Jeder Versuch, zur Ruhe zu kommen und zu meditieren, ist bereits Meditation.«

Bao lächelte unwillkürlich. Was der Rabe sagte, war so befreiend. Ja, er meditierte, indem er versuchte zu meditieren. Es war so einfach!

Einige Tage lang übte sich Bao unter der Führung des Rabenmeisters in der Meditation, und plötzlich hatte er zum ersten Mal das Gefühl, am Ziel angelangt zu sein.

»Die Weite birgt tiefe Weisheit und lehrt uns, im Jetzt zu sein«, sagte Corax. »Und die Meditation hilft dir, diese Weite in dir zu finden. Sie schenkt dir innere Ruhe und Klarheit.«

Bao nickte und verbeugte sich vor dem alten Raben. »Ich danke dir sehr, Corax. Ich glaube, der Schatz der Achtsamkeit ist jetzt ganz nah. Es wird wohl Zeit, meine Reise zu beenden und zu meiner Familie heimzukehren!«

»Ja, mein kleiner Bärenfreund«, krächzte Corax. »Es ist in der Tat Zeit für dich, heimzukehren. Es fehlt dir nun nur noch ein ganz winziger Schritt zum Schatz der Achtsamkeit. Diesen Schritt aber musst du selbst gehen. Lebe wohl, junger Bao. Vielleicht werden wir uns wieder einmal begegnen.«

»Oh ja – das hoffe ich!«, rief Bao.

Corax breitete seine Flügel aus, doch bevor er flog, sang er für Bao mit krächzender Stimme ein kleines Lied, das in seiner Einfachheit eine tiefe Wahrheit verbarg:

*»Weite,
jeder Moment
birgt tiefe Weisheit,
lehrt uns zu sein.
Unendlichkeit.«*

Nachdem Corax in der Ferne verschwunden war, saß Bao noch eine ganze Weile auf der Klippe. Ja, er würde sich bald auf den Heimweg machen. Doch zuvor wollte er noch diesen einen Tag nutzen, um am Meeresufer zu meditieren und seinen Geist offen und weit werden zu lassen.

Den Weg nach innen gehen

Auf seiner Reise zum Schatz der Achtsamkeit ist Bao bereits mehrere Male mit dem Thema Meditation in Berührung gekommen – und das ist natürlich kein Zufall. Achtsamkeit und Meditation sind wie Zwillingsschwestern: Du kannst nicht meditieren, ohne achtsam zu sein. Und sobald du dich intensiver mit Achtsamkeit beschäftigst, wirst du dich wohl irgendwann auch mit der Kunst der Meditation beschäftigen wollen.

Nun wissen wir natürlich nicht, wie das bei dir ist. Vielleicht meditierst du ja schon seit einer ganzen Weile und bist glücklich mit deiner Praxis – dann kannst du dieses Kapitel getrost überspringen. Wenn du hingegen nicht meditierst, da dich das Thema bisher nicht interessiert hat, oder wenn du zwar mit der Meditation liebäugelst, aber noch nicht richtig losgelegt hast, ist es vielleicht hilfreich, jetzt noch ein wenig weiterzulesen.

Vor wenigen Jahrzehnten noch als esoterische Spinnerei abgestempelt, ist Meditation heute en vogue und hat es sogar bis in die Chefetagen großer Konzerne geschafft. Für viele ist Meditation allerdings nur eine Möglichkeit, sich zwischendurch schnell zu entspannen, um anschließend noch mehr Geld zu verdienen oder im Hamsterrad noch besser funktionieren zu können. Das ist schade, denn das ist ein bisschen so, als würde man einen IQ von über 130 nur nutzen, um Kreuzworträtsel zu lösen. Entspannung ist zwar wichtig, doch Meditation ist und kann sehr viel mehr. Im Folgenden wollen wir dir ein paar Punkte nennen, die für das Verständnis und die Praxis der Meditation unserer Ansicht nach besonders wichtig sind:

MEDITATION UND ACHTSAMKEIT HÄNGEN ENG ZUSAMMEN. Meditation ist eine Vertiefung der Achtsamkeit – eine wirkungsvolle Möglichkeit, deine Achtsamkeit gezielt zu entfalten. Wenn du meditierst, entwickelst du deine Fähigkeit, dich auf die Gegenwart zu fokussieren, Bewertungen und Urteile loszulassen und das, was ist, bedingungslos zu akzeptieren – genau die Dinge, die du auch berücksichtigen solltest, wenn du achtsam leben willst.

MEDITATION IST EINFACH UND HAT ERSTAUNLICH WEITREICHENDE WIRKUNGEN. Um zu meditieren, brauchst du im Grunde gar nichts. Ein Meditationskissen ist hilfreich, aber es geht auch ohne. Und schon einige Minuten am Tag genügen fürs Erste. Meditation reduziert nachweislich Stress, stärkt das Immunsystem, harmonisiert den Blutdruck und verbessert die Schlafqualität. Darüber hinaus hellt Meditation die Stimmung auf, sie wirkt Ängsten und Depressionen entgegen, stärkt das Selbstbewusstsein und steigert das Konzentrationsvermögen. Und in deiner Beziehung zu Freunden, Kollegen und der Familie hilft dir Meditation, mehr Verständnis und Empathie zu entwickeln, besser zuzuhören und Konflikte gelassener zu bewältigen.

All das ist schön und wichtig, aber letztlich geht es bei der Meditation um viel mehr – es geht im wahrsten Sinne des Wortes ums Ganze. Bevor der Rabe Corax Bao in das Geheimnis der Meditation einweiht, erklärt er ihm, dass er der Bote des geistigen Raums ist und dass er Bao zeigen kann, wie man sich mit der Weite des geistigen Raums verbindet. Und da geht es nicht mehr um den Blutdruck oder das Immunsystem, sondern um die spirituelle Dimension. Meditation ist ein bewährter Weg, das Bewusstsein zu erweitern und über sein Alltagsbewusstsein hinauszuwachsen. Meditation hilft dir, deine Sorgen, Nöte, das ständige Planen, die Unzufriedenheit und den Stress hinter dir zu lassen und zu innerem Frieden zu gelangen. Die Erfahrung tiefer Meditation lässt sich mit Worten nicht beschreiben. Wir können es Transzendenz, die Vereinigung mit Gott, Erleuchtung oder die Verbindung zu unserer inneren Quelle nennen – aber eigentlich ist es egal, welche Worte wir benutzen, und wir können uns ebenso gut aller Begriffe enthalten.

VIELE METHODEN – EIN ZIEL. Meditation ist nicht gleich Meditation. Es gibt unglaublich viele Arten, zu meditieren, und die sind so unterschiedlich wie die Menschen. Tatsächlich wird es auch niemals zwei Menschen geben, die genau in der gleichen Weise meditieren – nicht einmal dann, wenn sie derselben spirituellen Tradition angehören. Zu den beliebtesten Meditationsarten zählen die Achtsamkeits-, die Atem-, die Liebende-Güte, die Mantra-, die Vipassana- und die Ruhe- oder Zen-Meditation. Aber es gibt noch zahlreiche andere und darüber hinaus von jeder der genannten noch zahlreiche Varianten.

GRUNDLEGENDE PRINZIPIEN: Ganz gleich, welche Art der Meditation du praktizierst oder praktizieren willst – es gibt einige einfache »Regeln«, die dir helfen, intensiver und effektiver zu meditieren, Fehler und Umwege zu vermeiden und viele Probleme zu umgehen, die bei der Meditation häufig auftreten. Hier sind die vier wichtigsten Prinzipien:

1. **NICHTS BESONDERES:** Lass die Meditationspraxis etwas ganz Normales sein, sieh sie als einen natürlichen Teil deines Lebens an. Meditation ist nicht heilig – es ist einfach nur eine Möglichkeit, innerlich ruhig zu werden und zu erkennen, was das Wesentliche ist. Es ist eine Zeit, die du nur mit dir selbst verbringst und die du dir selbst schenkst. Lauf nicht in die Erwartungsfalle. Erwartungen werden selten erfüllt und wer viel erwartet, wird oft enttäuscht. Halte es einfach – du brauchst keine komplizierten Techniken. Und was die Auswirkungen betrifft: Lass dich überraschen.
2. **MACH MEDITATION ZU EINER GEWOHNHEIT:** Vor allem anfangs solltest du nur sehr kurz meditie-

ren – ein paar Minuten genügen. Doch auch später ist es wichtig, nicht zu übertreiben. Regelmäßig fünf Minuten zu meditieren ist besser, als hie und da mal eine Stunde zu sitzen. Es kommt nicht auf die Dauer an, sondern auf die Regelmäßigkeit.

3. **LASS DAS WOLLEN LOS.** Dein Wille hilft dir, alle möglichen Ziele zu erreichen – aber einen Zustand des inneren Friedens und der inneren Freiheit kannst du nur durch das Nicht-Wollen und Loslassen erreichen. Je mehr du willst, desto unmöglicher wird es, dich auf den gegenwärtigen Moment einzulassen. Wenn Ruhe kommt, ist es gut. Wenn Unruhe in deinem Geist ist, ist das auch kein Problem. Akzeptiere deine Erfahrung in der Gegenwart – nichts anderes ist Meditation. Jedes Wollen reißt dich aus der Gegenwart heraus. Im Gegensatz zu angestrengtem Wollen ist eine klare Absicht jedoch sehr wichtig. Die Absicht, sich zurückzuziehen und zu meditieren, genügt jedoch vollkommen. Das Gleichgewicht zwischen einer bewussten Absicht und einem nicht anhaftenden, offenen Geist zu finden, ist nicht immer leicht und es kann eine Weile dauern. Doch auch hier: Je weniger du dieses Gleichgewicht erreichen willst, desto schneller wird es sich einstellen.
4. **HAB GEDULD.** Meditation ist kein Wettkampf – es gibt keine »richtigen« oder »falschen« Erfahrungen. Es ist ganz normal, wenn du immer wieder abschweifst und in Tagträume verfällst. Vertraue dem Prozess. Es ist alles nur eine Frage der Zeit.

Strukturiert meditieren

Du kannst deine Meditation wie ein Baukastensystem aufbauen. »Baukasten« klingt zwar etwas technisch, aber gerade anfangs kann es sehr hilfreich sein, eine feste Struktur zu haben, um nicht ins Schwimmen zu kommen. Die folgende Struktur hat sich dabei gut bewährt:

1. **VORBEREITUNG UND HALTUNG:** Such dir einen friedlichen Platz, an dem du nicht gestört werden kannst. Leg eine klare Zeit fest – das können drei, fünf oder auch 30 Minuten oder länger sein. Nimm eine aufrechte Körperhaltung ein. Für gewöhnlich wird im Sitzen meditiert, was viele Vorteile hat. Sorge dafür, dass du bequem sitzt. Entspanne Gesicht, Schultern und Hände und lenke die Achtsamkeit auf deine Körperhaltung.
2. **ATMEN:** Um etwas abzuschalten und zur Ruhe zu kommen, ist es hilfreich, einige Male tief durchzuatmen. Richte deine Aufmerksamkeit anschließend auf deinen natürlichen Atemfluss. Beobachte einfach nur, wie der Atem immer wieder kommt und geht, ohne ihn zu beeinflussen.
3. **MEDITATIONSOBJEKT:** Wähle jetzt eine bestimmte Methode – ein Objekt oder Thema, auf das du deine Aufmerksamkeit lenken und in das du dich vertiefen kannst. Anfangs empfiehlt es sich, ein wenig zu experimentieren und herauszufinden, welcher Weg dir am leichtesten fällt. Doch letztlich solltest du dann zumindest über einige Wochen bei ein und derselben

Methode bleiben. Wenn du dauernd die Richtung wechselst, wirst du nie weiterkommen. Hier sind einige Vorschläge für verschiedene, häufig genutzte Meditationsobjekte beziehungsweise -themen: Such dir eine dieser Methoden aus:

- *Zähle innerlich deine Atemzüge:* »Einatmen – ausatmen = eins. Einatmen – ausatmen = zwei.« Zähle auf diese Weise bis zehn. Wenn du gedanklich abschweifst, beginne entspannt wieder bei eins. Verändere deinen Atem dabei nicht – lass den Körper atmen, wie er will.

- *Gedanken kategorisieren:* Beobachte deine Gedanken aufmerksam. Teile sie in sechs Kategorien ein: »Gedanken an die Zukunft«, »Gedanken an die Vergangenheit«, »Sorgen«, »Planen«, »Innere Gespräche« und »Bilder/Fantasien«. Beobachte, wo deine Gedanken besonders oft festhängen. Bewerte das nicht, sondern nimm es einfach nur achtsam wahr.

- *Atem, Körper, Klang:* Lass deinen Fokus pendeln, indem du deine Achtsamkeit abwechselnd auf drei Objekte lenkst: 1. Spüre kurz, wie dein Atem fließt. 2. Nimm dann innerlich deinen Körper und deine Haltung wahr. 3. Lenke den Fokus anschließend auf die Klänge und Geräusche, die du hören kannst. Beginne wieder bei Schritt eins und wechsle immer neu zwischen den Objekten deiner Achtsamkeit ab, bis sich ein Zustand der Offenheit und Gegenwärtigkeit einstellt.

- *»Wer bin ich?«* Stell dir während der Dauer der Meditation immer wieder innerlich die Fragen: Wer bin ich? Was ist dieses »Ich«? Bin ich mein Körper? Bin ich meine Gefühle oder Gedanken? Bin ich mein Name, mein Geschlecht oder eine der Rollen, die ich in meinem Leben spiele? Oder gibt es ein Bewusstsein »hinter dem Vorhang«, dass all diese Phänomene beobachten kann? ... Achte darauf, welche Antworten in deinem Bewusstsein auftauchen.

- *Ruhiges Verweilen:* Beobachte achtsam deinen Atem. Versuche, den Atem sanft fließen zu lassen. Lass den Atem dann mehr und mehr zur Ruhe kommen. Achte darauf, wie dein Körper sich dabei entspannt. Und wenn der Körper zur Ruhe kommt, beruhigt sich schließlich auch der Geist. Bleib wach und entspanne dich – beobachte, wie sich die Kraft der Ruhe wie eine Welle in deinem ganzen Wesen ausbreitet.

4. **ABSCHLUSS:** Beende die Meditation ebenso bewusst, wie du sie begonnen hast. Lass den Atem länger werden. Atme dann dreimal tief durch, nimm innerlich Kontakt zu deinem Körper auf und öffne schließlich wieder die Augen, um dich deinem Alltag zuzuwenden.

Bao stand auf und klopfte sich den Sand aus seinem Pelz. Langsam und bewusst, jeden seiner Schritte achtsam wahrnehmend, marschierte er los. Er wusste nicht genau, wie er nach Hause kommen sollte, doch das besorgte ihn nicht. Sein Weg – da war er sicher – würde ihn auch so in seine Heimat führen. Er ließ sich treiben, so wie das Wasser zum Meer floss, ohne sich Gedanken darum zu machen, ohne Wollen, ohne Absicht.

Bevor er sich zum Schlafen niederlegte, setzte sich Bao hin, dachte liebevoll an seinen Lehrer Corax und schrieb ein neues Blatt für seine Bambusblattbibliothek.

Aus Baos Bambusblattbibliothek

Ob im Körper, in den Gefühlen oder im Geist – schenke den kurzlebigen Erscheinungen nicht zu viel Beachtung. Beobachte sie wach, doch ohne festzuhalten, ohne dich zu verstricken – und du wirst die unendliche Weite deines Geistes erfahren.

Durch dein Wollen kannst du viele Ziele erreichen. Doch das höchste aller Ziele, das erreichst du nur durch Nicht-Wollen.

Hör auf, das Unerreichbare zu erstreben. So findest du das Erreichbare in jedem Moment.

Das Geheimnis der Achtsamkeit liegt im Sein – und Stille und Weite sind die Essenz des Seins.

Der Glanz der Sterne

Die Dunkelheit der Nacht war von einer tiefen, majestätischen Stille erfüllt, als Bao auf einer offenen Wiese unter dem grenzenlosen Sternenhimmel lag. Jeder einzelne Stern funkelte wie ein Diamant in der Schwärze des Universums, und der Mond hing hoch und stolz in der Unendlichkeit. Bao betrachtete die Sterne und staunte über die unvorstellbare Weite des Kosmos. Er spürte seine Winzigkeit angesichts dieser Größe, doch zugleich erkannte er auch die Einzigartigkeit seines eigenen Lebens. Er war inmitten des Universums, aber umgekehrt schien es ihm, als sei das Universum auch mitten in ihm.

Lange blickte Bao in den Himmel und ließ das Wunder der Sterne auf sich wirken. Da fiel ihm auf einmal ein kleiner, besonders heller Stern mit einem blauen Strahlenkranz auf.

Halb im Spaß sprach Bao: »Wer bist du wohl, du schöner, funkelnder Reisender der Nacht …«

Zu seinem großen Erstaunen schien der Stern zu antworten. Seine Stimme war so alt wie die Zeit selbst, und sie klang wie ein sanftes Flüstern im Wind. »Ich bin Stella, die Wächterin der Träume, ein Stern an deinem Himmel.«

Bao konnte es nicht fassen. Sprach da wirklich ein Stern zu ihm?

Er rieb sich die Augen – kein Zweifel, der Stern schien jetzt sogar noch heller zu funkeln. »Träume ich, Stella, oder sprichst du wirklich mit mir?«, fragte Bao.

»Träume, kleiner Panda«, sagte die Sternenstimme, »Träume sind Botschafter der Weisheit. Was dir im Traum zu Bewusstsein kommt, ist nicht minder wahr als die Dinge, die dir bewusst sind, wenn du wach bist. Bewusstsein ist immer wirklich und auch, dass du meine Stimme hörst, ist ganz und gar wirklich.«

Bao lauschte mit offenem Herzen. Eines hatte er inzwischen gelernt: Auch wenn er die Worte des Sterns nicht wirklich verstand, war es nur eine Frage der Zeit, bis sich ihm der Sinn offenbaren würde, solange er nur offen und achtsam blieb.

»Seltsam, Stella«, sagte Bao nach einer Weile, »obwohl du so unendlich weit entfernt bist, spüre ich doch eine tiefe Verbindung zu dir. Wie ist das möglich?«

Stella lachte sanft, und es war, als ob das ganze Weltall mit ihr lachte. »Das ist doch nicht seltsam, kleiner Bao. Tatsächlich sind wir miteinander verbunden, sind alle Teil dieses unendlichen, wundervollen Universums. Und auch wenn du nur ein kleiner Panda bist – die Essenz des Universums, die Harmonie aller Wesen, existiert in dir.«

Bao versuchte, den Sinn dieser Worte in ihrer Tiefe zu erfassen. Er ließ seinen Geist weit werden, öffnete sein Herz und fühlte plötzlich eine Welle der Verbindung und Liebe, die ihn mit allem um ihn herum verband – mit Stella, dem weiten Universum, den Bäumen in der Ferne und dem Gras unter seinen Pfoten. Er musste an all die wunderbaren Begegnungen auf seiner Reise denken – an den Schmetterling Kallamarandi zum Beispiel, an den alten Bambusbaum, an das Glühwürmchen Lililai, an Askari, den Elefanten, und an den weisen Fluss. Bao erkannte, dass ihn all diese wunderbaren Wesen tief berührt hatten und dass er im Herzen für immer mit ihnen verbunden sein würde.

»Ich sehe, dass du anfängst zu erkennen. Du lebst nicht nur in dir selbst, Bao«, sagte Stella. »Du bist mit allem verbunden, bist selbst Teil der Sterne, der Erde, der Bäume und Tiere. Du bist eins mit allem, was lebt – und sogar mit allem, was nicht lebt. Diese Verbundenheit ist immer da – nur übersehen wir sie leider allzu oft. Und doch ist das Bewusstsein gegenseitiger Verbundenheit der Schlüssel, um eins mit dir selbst zu sein und zu innerem Frieden zu finden.«

Und es erklang ein leises Lied, das das ganze Universum zu erfüllen schien:

»Alles,
ist verbunden
durch das Netz
von Liebe und Unendlichkeit.
Wir.«

Bao schloss seine Augen und ließ Stellas Worte tief in sein Herz sinken. Als er sie wieder öffnete, strahlten sie. Er hatte das Gefühl, den Schatz der Achtsamkeit nun endlich gefunden zu haben. Und als er verstand, dass dieser Schatz immer schon in ihm selbst gewesen war, begann er erst leise und schließlich immer lauter zu lachen, bis er sich vor Lachen schüttelte und ihm die Tränen aus den Augen liefen.

Als Bao am nächsten Morgen erwachte, wusste er nicht mehr, ob er wirklich mit Stella gesprochen oder ob er alles nur geträumt hatte. Er schüttelte lächelnd den Kopf. Es spielte überhaupt keine Rolle. Er erinnerte sich an das, was Stella gesagt hatte: »Träume sind Botschafter der Weisheit. Was dir im Traum zu Bewusstsein kommt, ist nicht minder wahr als die Dinge, die dir bewusst sind, wenn du wach bist …«

Achtsam verbunden sein

Beschäftigst du dich bereits seit längerem mit Achtsamkeit? Hast du schon einmal einen MBSR-Kurs oder ein Achtsamkeitsseminar besucht? Oder vielleicht auch das ein oder andere Buch gelesen, in dem es um Achtsamkeitsübungen geht? Dann ist es dir vermutlich schon aufgefallen: Wo immer Achtsamkeit gelehrt oder angeleitet wird, geht es meist darum, den Fokus nach innen zu lenken.

In der Achtsamkeitspraxis lernen wir, wie wir uns selbst – unseren Körper, unsere Gedanken und Gefühle – achtsam wahrnehmen können. Und das funktioniert natürlich nur, wenn wir uns auch einmal uns selbst bewusst zuwenden. Das ist sehr sinnvoll, denn uns selbst zu vernachlässigen und ein Leben zu führen, in dem wir uns gar nicht mehr richtig spüren, ist traurig.

Mit Egoismus hat das übrigens gar nichts zu tun. Achtsamkeit ist weder eine Einladung zur Isolation noch zu Rücksichtslosigkeit oder Narzissmus – ganz im Gegenteil. Du wendest dich dir selbst liebevoll zu, damit du dich dann auch mit offenem Herzen anderen zuwenden kannst. Du reinigst deine Quelle durch Achtsamkeit, denn nur, wenn du selbst in Harmonie mit dir bist, kannst du positive Veränderungen im Außen bewirken. Und dazu ist es eben nötig, dein Selbst-Bewusstsein – im wahrsten Sinne des Wortes – zu entwickeln und deine Achtsamkeit nach innen zu richten.

An sich ist Achtsamkeit jedoch neutral: Du kannst sie sowohl auf dich selbst als auch auf die äußere Welt lenken. Die Wolken am Himmel zu beobachten, die Farbe und Form einer Blume zu studieren, sich in eine Landschaft, ein Gemälde oder vielleicht auch in ein Musikstück zu vertiefen – all das ist ebenfalls nichts anderes als Achtsamkeit; jedenfalls dann, wenn du dabei ganz wach bist, dich im Augenblick zentrierst und deinen Geist offenhältst, ohne dem, was ist, durch innere Kommentare oder Bewertungen etwas hinzuzufügen.

In diesem Kapitel, in dem Bao dem Stern Stella begegnet, geht es nun noch um eine weitere Möglichkeit, seine Achtsamkeit zu entfalten: um die Verbundenheit – darum, den Fokus, auf das Du zu legen. Wir können Achtsamkeit also grundsätzlich auf drei Ebenen praktizieren:

1. **ACHTSAMKEIT AUF DAS ICH:** Dabei richtest du dein Bewusstsein auf deinen Atem, deinen Körper, die Gedanken, Gefühle und Stimmungen.

2. **ACHTSAMKEIT AUF DAS AUSSEN:** Dabei richtest du dich auf die Natur aus, auf die Umgebung und all das, was es zu sehen oder zu hören gibt.
3. **ACHTSAMKEIT AUF DAS DU:** Hier wendest du dich insbesondere anderen Menschen, aber auch anderen Lebewesen achtsam zu. Und du machst dir die eigene Verbundenheit mit ihnen bewusst.

Verbundenheit – das Naturgesetz, das glücklich macht

In der Geschichte sagt Stella, der Stern: *»Du bist mit allem verbunden, bist selbst Teil der Sterne, der Bäume und Tiere. Du bist eins mit allem, was lebt …«*

Wir sind alle Menschen. Wir atmen alle dieselbe Luft, bestehen sogar überwiegend aus den gleichen Genen, teilen die gleichen Nöte und Freuden. Und wir teilen dieses Universum nicht nur mit anderen Menschen, sondern auch mit Tieren und Pflanzen und weiteren Wesen. Letztlich ist alles eins, und alles ist mit allem verbunden.

Gemeinsam mit uns existieren Abermilliarden von Menschen, Tieren, Pflanzen und Kleinstlebewesen. Vielleicht gelingt es dir ja, diesen gewaltigen Gedanken mit deinem Verstand zu fassen. Die universelle Verbundenheit jedoch auch zu empfinden, ist eine große Kunst, die Güte, Mitgefühl und gegenseitigen Respekt zum Ausdruck bringt – eine Kunst, die sich zu erlernen lohnt, denn erst wenn du wirklich spürst, dass du mit allem und allen verbunden bist, kannst du auch ganz zu dir finden und mit Freude im Herzen leben.

Das Bewusstsein von Gemeinschaft, das Wir-Gefühl ist für unser Glück äußerst wichtig. Menschen, die besonders viel Wert auf ihr soziales Netz, auf Freundschaft, Familie, Gemeinschaft und Zusammengehörigkeit legen, sind besonders glücklich, und sie leben sogar länger als Einzelgänger. Wer Verbundenheit empfindet, ist empathisch, kommt besser mit Hindernissen und Krisen klar und fühlt sich seltener gestresst. Mitgefühl und Güte zeugen von hoher emotionaler Intelligenz, die es uns wiederum ermöglicht, intensiver und sinnerfüllter zu leben.

Einfache Wege zu mehr Verbundenheit

Wie können wir die Kraft der Verbundenheit nicht nur verstehen, sondern sie auch ganz konkret in unserem Leben spüren? Wie so oft ist das nur durch beständiges Üben zu schaffen – und hierbei spielt Achtsamkeit eine zentrale Rolle.

Kurz gesagt weckst du das Bewusstsein der Verbundenheit am besten dadurch, dass du deine Achtsamkeit immer wieder auf das lenkst, was dich mit anderen verbindet, statt auf das, was dich von ihnen trennt. Um diesen Prozess zu unterstützen, kannst du mit einer oder mehreren der folgenden Übungen experimentieren:

WENDE DICH DEM DU ZU: Wie oft sind wir nur mit uns selbst beschäftigt? Wie oft dreht sich in unserem Leben alles nur um uns – um unsere Wünsche, Bedürfnisse und Nöte? Versuche einmal, deine Achtsamkeit mehr auf dein Gegenüber zu lenken. Begegne anderen Menschen mit liebevoller Achtsamkeit. Ebenso wie du, sind auch sie Mitreisende auf dieser großen Erde. Hör auf, nach dem zu suchen, was am anderen »falsch« ist, und versuche stattdessen, dich auf das zu fokussieren, was du bei ihm als Teil von dir selbst erkennst.

Zurückweisung und Trennung machen nicht nur die anderen, sondern auch dich unglücklich. Neugierig, offen und zugewandt zu bleiben, ist die bessere Wahl – immer! Auch dann, wenn dir die oder der andere unsympathisch ist.

DIE VERBINDENDE KRAFT DER FREUNDLICHKEIT ENTFALTEN: Freundlich und zugewandt zu sein, fällt manchen leicht, anderen schwer. Es gibt Völker, die sehr offen und gastfreundlich sind, während in anderen Kulturen eher abweisend auf fremde Menschen reagiert wird. Aber »Fremdsein« ist eine Illusion, es zeigt die Unfähigkeit, tief genug zu schauen. Letztlich ist Freundlichkeit eine Haltung, die du üben kannst, wenn du dein Herz öffnen willst. Und das geht immer, wenn du auf andere triffst – ob du nun Freunde, Kinder oder Verwandte beim Begrüßen umarmst, ob du einer Verkäuferin oder dem Postboten zulächelst, anderen die Tür aufhältst oder im Straßenverkehr rücksichtsvoll bist oder ob du jemandem, dem es schlecht geht, mitfühlend zuhörst. Du kannst auch einen Hund oder eine Katze mit Freundlichkeit begrüßen oder deinen Rosen im Garten gegenüber freundlich eingestellt sein.

Achte einmal darauf, was sich nicht nur in dir, sondern auch in der Reaktion von anderen verändert, wenn du Freundlichkeit übst. Und wer weiß – vielleicht wirst du den Unterschied ja sogar an deinen Rosen entdecken …

VERBUNDENHEIT ENTDECKEN: Verbundenheit ist überall. Du selbst bist mit deinen Eltern, Geschwistern, Kindern und Freunden verbunden. Ebenso mit den Menschen, die du täglich triffst – und seien es nur Nachbarn oder »Dienstleister«. Ärztinnen und Krankenpfleger kümmern sich um ihre Patienten, Eltern pflegen ihre Kinder, Kinder ihre Eltern, Menschen verbinden sich in Organisationen, um gemeinsam die Natur zu schützen oder Armut und Leiden zu bekämpfen. Verbundenheit entsteht durch eine gemeinsame Kultur, durch gemeinsame Projekte, in Teams und nicht zuletzt auch durch soziale Netzwerke oder eine globalisierte Welt. Indem du deine Antennen darauf ausrichtest, Verbundenheit mitten im Leben zu erkennen, nährst du das Gefühl in dir, Teil des großen Ganzen zu sein.

VERBUNDENHEIT VISUALISIEREN: Während Bao mit dem Stern Stella spricht, beginnt er, sich an all die wunderbaren Begegnungen auf seiner Reise zu erinnern – an den alten Bambusbaum, den weisen Fluss, an Kallamarandi, den Schmetterling, Askari, den Elefanten, und das Glühwürmchen Lililai. Und dabei erkennt er, dass ihn all diese Begegnungen tief berührt haben und dass er mit all den Wesen, die er auf seiner Reise getroffen hat, für immer im Herzen verbunden sein wird.

Wie ist das bei dir? Gab es in deinem Leben nicht auch schon manche Augenblicke, in denen du Gemeinschaft und Zusammengehörigkeit empfunden hast? In denen du dich mit einem anderen Menschen sehr wohl und geborgen gefühlt hast? Du kannst eine einfache Übung ausprobieren:

Mach es dir irgendwo gemütlich. Schließ die Augen und lass deinen Atem ein wenig zur Ruhe kommen. Erinnere dich dann an einen schönen Augenblick mit jemandem aus deiner Familie zurück. Das kann ein Elternteil, ein Bruder oder eine Schwester, ein Kind oder vielleicht auch deine Großmutter oder dein Großvater gewesen sein. Erinnere dich an die entsprechende Szene. Visualisiere sie so klar wie möglich. Mach dir das Gefühl der Verbundenheit wieder bewusst. Wie fühlt es sich an, wenn dein Herz offen ist? Speichere dieses Gefühl tief in dir ab.

Wiederhole diese Übung dann noch einmal, indem du dich an eine Szene erinnerst, die du mit einer Freundin, einem Freund, einer Partnerin oder einem Partner erlebt hast. Versuche auch jetzt, das Gefühl des Verbundenseins wiederzuerwecken. Entscheide dich anschließend, dieses Gefühl in deinem Geist zu pflegen und es so oft wie möglich lebendig werden zu lassen, wenn du anderen begegnest.

Indem du deinen Fokus mitten in deinem Alltag immer wieder auf das Du lenkst, reißt du die Mauern ein, die dich von anderen trennen. Und ob du es glaubst oder nicht – schon allein durch diese Haltung trägst du dazu bei, etwas mehr Verständnis und Frieden in die Welt zu zaubern …

Bevor Bao aufstand und sich auf den Weg machte, schrieb er noch auf ein Bambusblatt, das er seiner Bibliothek hinzufügen würde:

Aus Baos Bambusblattbibliothek

Verbundenheit ist das Gesetz des Universums. Nur wenn du deine Verbundenheit mit allem erkennst, wirst du dich auch selbst erkennen.

Freundlichkeit und Wohlwollen sind Brücken zu allen Wesen. Sie ermöglichen es, über die beschränkenden Grenzen des Selbst hinauszugehen und lassen Nähe entstehen, die die Voraussetzung für wahre Verbundenheit ist.

Du bist kein Zwerg, du bist ein Riese. Du bist ein leuchtender Stern im Universum – und ebenso, wie du im Universum lebst, lebt das ganze Universum in dir.

Begegne dir selbst mitfühlend und liebevoll. Auf diese Weise wirst du nicht nur die universelle Verbundenheit erfahren, sondern auch erkennen, dass der Schatz der Achtsamkeit schon immer in dir war – mitten in deinem Herzen.

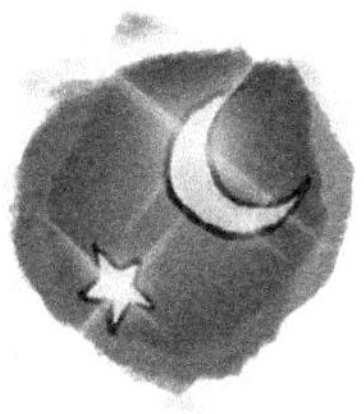

Baos Heimkehr

Bao wanderte lange Zeit. Er vertraute darauf, dass sein Weg ihn genau dort hinführen würde, wo seine Bestimmung lag. Er lief durch Täler und Auen, wanderte durch Laub- und Bambuswälder und überquerte Bäche, Flüsse und Berge. Wie viel hatte er doch auf seiner Reise erlebt! Er erinnerte sich an all die Begegnungen, die dazu beigetragen hatten, dass er den Schatz der Achtsamkeit finden durfte, den er nun in sich trug. Bao verspürte tiefe Dankbarkeit.

Natürlich hatten seine Entdeckungen und Erkenntnisse nicht etwa dazu geführt, dass Bao nun ständig und in jedem einzelnen Moment vollkommen achtsam gewesen wäre. Wozu auch – Bao wusste, wie kostbar Augenblicke der Achtsamkeit waren und dass ewige Achtsamkeit vielleicht etwas für große Meister, für normale Lebewesen aber völlig unrealistisch war. Noch immer dachte Bao gelegentlich nach, noch immer träumte er angenehme Tagträume, stöberte in seiner Vergangenheit und war neugierig darauf, was die Zukunft wohl bringen würde. Eines aber hatte sich verändert: Was er auch tat, es war ihm bewusst. Wenn er nachdachte, wusste er, dass er nachdachte, und auch wenn unangenehme Gedanken auftauchten, sah er, dass es so war und so sein durfte. Wenn er sich Tagträumen hingab, war er sich bewusst, dass er tagträumte. Wann immer er in die Vergangenheit blickte, verlor er sich nicht dort, sondern blieb gegenwärtig. Und wenn er an die Zukunft dachte, so sah er einen kleinen Panda, der gerade an die Zukunft dachte.

Bao lachte oft. Immer wieder hielt er kurz inne und betrachtete mit allen Sinnen, was gerade da war – was um ihn herum vorging und was er in sich selbst wahrnehmen konnte.

Eines Morgens hatte er ein ganz seltsames Gefühl. Sein Bauch kribbelte, und seine Schritte beschleunigten sich, ohne dass er wusste, warum. Bao öffnete all seine Sinne – und da erkannte er den Grund: Am Horizont tauchten die vertrauten Konturen der Bambushügel auf, die er seit seiner Kindheit kannte. Ja, Bao war ganz kurz davor, seine Heimat zu erreichen! Noch über das weite Grasland, dann käme der Fluss, und dann waren es nur noch ein paar Schritte bis zum Mangohain und dem Bambuswald. Bao ging immer schneller. Ein wenig musste er über seine eigene Aufregung lächeln. Er spürte, wie die Freude ihn mit Energie erfüllte. Doch da er wusste, wie leicht allzu große Erwartungen zu Enttäuschung führen konnten, ließ er alle Vorstellungen an das bevorstehende Wiedersehen los, atmete tief durch, kam ganz ins Hier und Jetzt und setzte achtsam einen Schritt vor den anderen.

Im Nu hatte er das Grasland überwunden und näherte sich der Bucht am Fluss, an der er seine alte Lehrerin Kurma zuletzt gesehen hatte. Lange war Bao unterwegs gewesen – mehr als ein ganzes Jahr. Aber es kam ihm so vor, als wären seit seiner Abreise nur ein paar Minuten vergangen, als eine vertraute Stimme sprach: »Nun, junger Bao, hast du den Schatz der Achtsamkeit gefunden?«

»Kurma!«, rief Bao voller Freude. Er lief auf die weise, alte Schildkröte zu und setzte sich vor sie in den Sand. »Was für ein Zufall, dass du gerade jetzt, wo ich nach Hause zurückkehre, hier bist.«

Kurma lachte. »Ich fließe wie ein Fluss mit dem Leben, und so bin ich stets genau dort, wo ich sein sollte.«

Bao schüttelte den Kopf. Kurma mit ihren rätselhaften Sprüchen. Jedenfalls war er überglücklich, dass sie da war. »Ja, liebe Kurma. Tatsächlich habe ich den Schatz der Achtsamkeit gefunden.« Er lachte. »Und gib es zu: Du hast genau gewusst, dass er die ganze Zeit über in mir war.«

»Aber natürlich – wo auch sonst?«, lachte Kurma. »Und doch war deine Reise sehr wichtig. Sie war notwendig, um den Schatz zu entdecken, denn zu den wirklich wichtigen Zielen kommen wir nur über Umwege.«

Bao nickte. Das Wissen war eine Sache. Aber die Erfahrung und die Erkenntnis eine andere. Wenn Kurma ihm verraten hätte, dass er den Schatz der Achtsamkeit längst in sich trug, so hätte ihm das kein Stück weitergeholfen. Kein Wunder also, dass Kurma ihm damals gesagt hatte: »Könnte ich es dir einfach sagen ... du würdest den Schatz der Achtsamkeit nie entdecken ... Auch kannst du Achtsamkeit nicht mit dem Kopf verstehen.«

»Ja, Kurma«, sagte Bao. »Jetzt verstehe ich es. Lass dir von meiner Reise und meinen Abenteuern erzählen ...« Und während die beiden in der Bucht lagen und die warmen, goldgelben Sonnenstrahlen genossen, schilderte Bao seiner alten Lehrerin alles, was er erlebt und erkannt hatte. Er berichtete von seinen Gesprächen mit dem Fluss, der Wolke und dem Berg, von seinen vielen Lehrerinnen und Lehrern, dem Elefanten Askari und Ying, der Nachtigall. Und schließlich erzählte er Kurma auch von seinem Traum, sofern es denn ein Traum gewesen war, in dem er vom Stern Stella das Geheimnis der Verbundenheit erfahren hatte.

Kurma nickte, lächelte, blickte Bao liebevoll an und nahm

jedes seiner Worte auf. Als Bao schließlich geendet hatte, sagte sie: »Mein lieber Bao, du hast eine wunderbare Reise gemacht und viel gelernt. Nun bist du selbst ein Lehrer! Geh in die Welt hinaus und lehre jene, die in Not sind, das Wunder der Achtsamkeit.«

Bao wurde ein bisschen rot. »Ach nein, es gibt für mich noch so viel zu lernen ...«

Kurma nickte. »Ja. Immer. Doch das ist kein Grund, die Geheimnisse, die du entdeckt hast, für dich zu behalten, wenn du anderen dadurch helfen kannst. Aber weißt du, was? Ich werde jetzt mal ins Dorf gehen, um den anderen von deiner Heimkehr zu berichten.« Kurma blinzelte Bao freundlich zu, drehte sich um und spazierte in Richtung des Panda-Dorfes.

»Ich komme gleich nach. Geh nicht zu schnell!«, lachte Bao. »Ich will nur noch kurz ein letztes Blatt für meine Bambusblattbibliothek schreiben ...«

Aus Baos Bambusblattbibliothek

Auch wenn du es noch nicht spürst: Achtsam zu sein, ist sehr einfach. Achtsamkeit ist eine Fähigkeit, die du jederzeit nutzen kannst, um aufzuwachen und dich mit dem gegenwärtigen Moment zu verbinden.

Manchmal müssen wir einen weiten Umweg machen, um das Wesentliche zu entdecken.

In jedem Moment, in dem du dir deiner Lebendigkeit vollkommen bewusst bist und in dem du wirklich wach bist, nährst du die Blume des inneren Friedens in deinem Geist.